高校乒乓球运动教学与运动队建设

曹　婧◎著

吉林大学出版社

·长春·

图书在版编目（ＣＩＰ）数据

高校乒乓球运动教学与运动队建设 / 曹婧著 . -- 长春 : 吉林大学出版社 , 2022.6

ISBN 978-7-5768-0312-9

Ⅰ . ①高… Ⅱ . ①曹… Ⅲ . ①乒乓球运动 – 体育教学 – 教学研究 – 高等学校 Ⅳ . ① G846.2

中国版本图书馆 CIP 数据核字 (2022) 第 156727 号

书　　名	高校乒乓球运动教学与运动队建设	
	GAOXIAO PINGPANGQIU YUNDONG JIAOXUE YU YUNDONGDUI JIANSHE	
作　　者	曹　婧　著	
策划编辑	殷丽爽	
责任编辑	殷丽爽	
责任校对	安　萌	
装帧设计	李文文	
出版发行	吉林大学出版社	
社　　址	长春市人民大街 4059 号	
邮政编码	130021	
发行电话	0431-89580028/29/21	
网　　址	http:// www. jlup. com. cn	
电子邮箱	jldxcbs@ sina. com	
印　　刷	天津和萱印刷有限公司	
开　　本	787mm × 1092mm　1/16	
印　　张	10.25	
字　　数	200 千字	
版　　次	2023 年 1 月　第 1 版	
印　　次	2023 年 1 月　第 1 次	
书　　号	ISBN 978-7-5768-0312-9	
定　　价	72.00 元	

前　言

在 19 世纪末的时候，乒乓球最开始是欧洲上层贵族的一种休闲娱乐活动，随着文化的传播，渐渐在欧洲甚至世界各国开始流行，一直发展到 20 世纪初，乒乓球开始作为一种竞赛性有组织有规则的体育运动进入大大众的视野，并在这个时期，乒乓球传入中国。乒乓球进入中国的时候由于本身的特性和中国当时的文化，这项运动并没有遭到排斥，而是迅速的在中国成长起来，发展至今，已经成为我国的"国球"，是我国在世界体育赛事上常胜不败的令人骄傲的项目，我国的体育健儿们一次次在赛场上拿下奖牌，为我国争得荣誉。由于长期雄踞世界乒坛，乒乓球运动带给国人成功的喜悦，受到人民的广泛喜爱。

乒乓球在我国发展至今已经成为广大人民群众喜闻乐见的体育项目，当然，体育的发展离不开教育的普及，我国的高校也大多开展了乒乓球课程。由于教育部门已经将乒乓球运动列入基本教育计划，乒乓球在体育院校是一门专门的学科，在普通非体育院校则将乒乓球运动列入普通体育选修课当中。可以看出乒乓球运动在高校体育中占据重要地位。随着全球化的进程，体育竞技也在全球化背景下得到发展，给我国的乒乓球运动带来机遇和挑战。因此，高校乒乓球运动教学改革创新，高校乒乓球运动队的建设发展成为当下我国高校乒乓球运动健康可持续发展面临的一个重要的问题。

本书第一章为乒乓球运动概述，介绍了四个方面的内容，分别是乒乓球运动的起源与发展、乒乓球运动的特点与功能、中国乒乓球运动的发展历程以及世界乒乓球运动的发展概况。第二章为高校乒乓球运动教学的理论研究，介绍了三个方面的内容，分别为高校乒乓球运动的教学原则与任务、高校乒乓球课的教学方法与模式以及高校乒乓球课的考核与评价。本书第三章为高校乒乓球运动教学改革创新研究，介绍了三个方面的内容，依次是高校乒乓球运动教学现状分析、高校乒乓球课程思政建设路径以及"教会、勤练、常赛"的探索实践。第四章为高校乒乓球运动的技战术教学训练法，主要介绍了两个方面的内容，分别为乒乓球运动的技术教学训练法、乒乓球运动的战术教学训练法。第五章为高校乒乓球运动综合素质教学训练，从三个小节展开论述，分别是身体素质训练、心理素质训练以及运动中的损伤和处理办法。第六章为高校高水平乒乓球运动队的现状与建设研究，介绍了五个方面的内容，分别为高校高水平乒乓球运动员、教练员基本情况，高校高水平乒乓球运动队条件保障与奖励制度，高校高水平乒乓球运动队竞赛情况，高校高水平乒乓球运动队的训练管理与评价以及高校高水平乒乓球运动队发展建设路径。

在撰写本书的过程中，作者得到了许多专家学者的帮助和指导，参考了大量的学术文献，在此表示真诚的感谢。本书内容系统全面，论述条理清晰、深入浅出，但由于作者水平有限，书中难免会有疏漏之处，希望广大同行及时指正。

作者

2021 年 12 月

目　录

第一章　乒乓球运动概述

本章主要对乒乓球运动进行了概述，分为四个小节，第一节为乒乓球运动的起源与发展，第二节为乒乓球运动的特点与功能，第三节为中国乒乓球运动的发展历程，第四节为世界乒乓球运动的发展概况。

第一节　乒乓球运动的起源与发展

一、乒乓球运动的起源

乒乓球的起源地是 19 世纪后期的英国。最早，乒乓球的前身是一种叫作"戈西马"的室内游戏，这项室内游戏普遍流行于大学生当中，这种游戏和乒乓球类似。由于"戈西马"是受到网球的启发而发明的，所以在形制和规则上和网球运动很像，不过最开始的时候这项游戏没有统一的规则，同时器材也比较特别，球拍是用羊皮纸贴成的，并且中间是空心的，长柄椭圆形，而所使用的球的构造稍微复杂，球的内里是由橡胶或者软木构成的实心，球的表面再用毛线包裹。这种游戏的运动场地是多样的，可以在饭桌上，也可以用两把椅子做支柱，中间挂上一张网就能玩。

在 1890 年，英格兰人詹姆斯·吉布受到美国一种玩具球的启发将球进行改良制成了乒乓球，这种玩具球是由赛璐珞制成的，优点是弹跳力十分好，改良以后在桌上击打会发出"乒乓乒乓"的声音，因此乒乓球由此得名，之后在全世界流传推广开来。

第一次世界大战期间，乒乓球运动没有得到发展。战争结束后，这项运动又重新活跃起来，并在英国举办了国家乒乓球赛。

二、乒乓球运动的发展

乒乓球运动在发展过程中逐渐成长为一项竞赛项目，在 1926 年，举办了第一届乒乓球锦标赛，之后又经历了几个发展时期，乒乓球发展成今天的样子。

（一）第一阶段：欧洲全盛期（1926—1951 年）

最开始的时候，乒乓球的球拍是由木头制成的，木质材料有一定的缺陷，表面没有弹性，因此击打的乒乓球旋转慢，速度也就慢，在打法上也比较单一。之后经过改良，球拍变成了胶皮拍，胶皮拍的特点使挥拍技术有所突破，出现了削下旋的防守型打法。这个时期的发展重点在欧洲地区，欧洲的技术在世界上处于领先地位，所以比赛的冠军大多落在欧洲选手上，其中匈牙利的实力最为强盛，这个时期也被称为欧洲全盛时期。

在打法上，欧洲选手采用防守型打法，他们靠稳削下旋球这一技巧多次夺得胜利，并且在战术上采用自己不失误等待对手失误的思想来赢得比赛。因此由于秉持这种思想，赛场上经常出现打"蘑菇球"的局面，靠僵持耗时间来消耗对方的耐心，考验双方的持久度，导致最后只能依靠裁判员用掷钱币的方法决定胜负。因此，为了避免这种情况的出现，国际乒联修改了比赛规则，限定比赛的时间让选手采用进攻打法，避免过多的消极打法出现，因此在这种比赛规则下削中反攻打法出现。

（二）第二阶段：日本称霸期（1952—1959 年）

1952 年，第 19 届世界锦标赛举办，在这场比赛中，日本运动员战胜了欧洲运动员，而日本运动员采用的是远台长抽打法，这是上旋打法的一种。同时还有一个原因是日本运动员使用的球拍表面是海绵材质的，这种材质可以增加进攻的速度。总体来说，日本选手这种新的打法要优于防守型打法，因此日本在这届锦标赛上取得了不错的成绩，共获得 4 项冠军，打破了欧洲的垄断局面。

在这个时期的世锦赛中，一共 49 枚世界冠军金牌，只日本就获得 24 枚，占了 49% 的份额，其中第 25 届世锦赛日本就获得了 6 项冠军，日本名副其实地称霸乒乓界。

（三）第三阶段：中国崛起（1959—1969 年）

在日本称霸世界乒坛期间，中国的乒乓球运动员也得到了快速成长，他们加强训练，打牢基本功，在技术上保持快、狠的同时也要保证击球的准确性，多采用拉攻技术，最终创造出了独特的直拍近台快攻打法，这种打法的特点就是"快、准、狠、变"。

在 1961 年举办的第 26 届世界锦标赛是一个值得纪念的一次赛事，在这场锦标赛中，中国队战胜了欧洲和日本选手，获得了我国在世界乒坛的第一枚男子团体世界冠军奖牌，也是我国第一枚乒乓球世界金牌。随后，我国在 27、28 届男子团体项目上连续获得冠军，令世界瞩目。在技术上，中国的近台快攻打法对比日本的远台攻球打法是一次进步。发展到 20 世纪 60 年代，中国乒乓球技术在世界水平上位于前列。

（四）第四阶段：欧洲复兴和欧亚对抗（1971—1979 年）

这一时期，日本和中国乒乓球获得发展的同时，欧洲的乒乓球也在不断进步，他们靠比赛的经验和探索，总结自己的缺点和优势，同时也学习日本和中国的打法技术，融合自己的特点，形成了新的打法，分别是以弧圈球为主结合快攻打法和以快攻为主结合弧圈球打法，这些打法特点是速度快、旋转性十分强，同时能拉能打，回球威胁大等等，在技术上重新推动了乒乓球的发展。

这一时期，中国的近台快攻打法也在不断地更新和发展，在推挡技术上不断完善，出现了加力推、减力挡、推挤弧圈球等，在发球技术上发展正反手高抛发球，同时也出现了正手快带弧圈球、正手快拉小弧圈等新技术。在直拍快攻结合弧圈球的打法上也有一定的发展，横拍快攻结合弧圈打法的使用让运动员在赛场上取得了不错的成绩。在第 31—39 届世锦赛上，中国一共取得 42 项冠军，总占比六成以上，实力强大。

（五）第五阶段：中国打世界、世界打中国的格局（1981 年至今）

1988 年，乒乓球进入奥运会比赛，这加大了乒乓球运动展示的舞台，各国乒乓球运动员尤其是乒乓球强国来说是一次不可多得的机遇。各国增加了对乒乓球运动的重视程度，无论在器材上还是在技术上都大力创新。而我国乒乓球运动之所以可以多年居于世界领先地位的原因就是在技术上不断创新。今天，乒乓球运动正向着"积极主动、特长突出、技术全面、战术多样"的方向全面发展。

第二节　乒乓球运动的特点与功能

一、乒乓球运动的特点

（一）设备简单而项目独特

乒乓球运动的场地要求不受局限，无论是在室内还是室外都可以进行，而且只需要简单的器材设备即可，练习者可以自由调整运动量的大小，不同性别、年龄和身体素质的人几乎都适合参加这项运动，因此乒乓球运动广受大众欢迎。

乒乓球速度快，不断变化，这对练习者的反应和应变能力提出了较高的要求，练习者需要在短时间内判断瞬息万变的来球并灵活回击，这有助于促进练习者神经系统灵敏性和协调性的增强。

乒乓球运动有单打和双打的形式，这不仅能够对练习者独立思考、单独作战的能力进行培养，还能提升练习者的协作能力及集体主义精神。

（二）竞技能力全面

乒乓球运动是一种有氧代谢运动，并且是非周期性的。这项运动主要考察的就是速度、爆发力、灵敏度等等素质。基于这种运动特性，乒乓球运动要想取得一定成绩，在训练上就要将技术训练作为核心，技术战术训练为重点，技术和战术训练要密切结合。在身体素质训练上，要将基础素质训练和专项素质训练相结合，基础的身体素质加上大量的专项训练才能让整体的身体素质扎实。乒乓球运动是一项高速度、对抗性强的竞技运动，在技能、体能和智能上都有一定的要求。

1. 体能是乒乓球运动的基础

体能是运动的基础，当然作为乒乓球运动也不例外，只有拥有强大的体能基础才能为后续的技能发展和经济水平的发挥提供保障。乒乓球运动发展至今，在竞争上越来越激烈，因此体能要求上也越来越高。良好的体能需要不断的身体训练，无论是速度、爆发力和耐力、灵敏度等都要加强。这里有一个比较科学的训练比例，身体训练与技术训练为3：7，当然可以根据运动员的身体情况来调整。

2. 技能是乒乓球运动的核心

体能训练到一定的基础以后，就要把训练的重点放到技能上来，技能包括战术和智能。由于乒乓球的特点和实际发展运用，导致乒乓球技能内容十分丰富，并且体系复杂。

3. 智能是乒乓球运动的灵魂

智能作为重点训练项目依托于体能和技能，反过来智能也会影响体能和技能的发挥和提高，三者之间是相互依存、互相促进的关系。乒乓球智能训练包括训练智能和比赛智能，特点是随机性和对抗性。

（三）技术动作快

"快"是由乒乓球运动本身的特点决定的，"快"既包含了乒乓球的发展快，也包括乒乓球的技术风格变化快，"快"的特点在乒乓球运动中的表现分为以下几个方面。

1. 反应速度快

反应快是乒乓球运动员的必备条件，由于运动员要通过眼睛看到对方的动作和乒乓球运行的轨迹快速做出判断，并立刻做好应对选择，虽然一些技能纯熟有经验的老运动员可以根据对手的情况做出预判，但是整体上还是主要靠视觉上的信息来做应对。由于反应速度的快慢受到身体和心理方面的影响，遗传条件占据一定因素，所以在运动员选拔上也会将这一点作为考察项目。

2. 预测判断快

根据对方的球路，包括对球的时空特点、位置和距离等进行判断叫作预测判断，这种预判能力是运动员十分重要的一项技能，同时其本身的发展潜力也非常大。如果一个运动员的反应和移动速度不是很优秀，那么就可以发展预判能力，这样可以弥补一定的缺陷，同时也可以节省体力，弥补体力上的不足。这种预判能力是可以后天经过大量的实战训练来提高的。

3. 技术动作选择快

由于乒乓球运动和武术、体操之类的运动项目不同，没有预先排好的一成套动作，技术和动作都是千变万化的，考验临场应变能力，双方依靠对方的回球情况做出不同应对。乒乓球飞行速度很快，并且时间也短，所以要求运动员快速做出反应，不能有一点犹豫。这种技术上的速度可以通过平时的训练来提高，技术越熟练，速度就会越快，所以运动员要熟练掌握各种技术，提高自身的实力。

4. 击球动作快

乒乓球运动的动作由上肢的击球和下肢的移动构成，上下肢的配合至关重要。良好的击球手法和下肢移动步伐都需要在速度上加"快"，这种快也需要长期的训练，付出一定的汗水来获得。青少年的身体特点和成长因素，这种速度和能力的训练十分关键，也是最能出效果的关键时期，所以一定要抓紧锻炼，争取在这个时期形成上下肢的速度和能力。同时，无机胶水的使用也对运动员提出更高的要求，要在下肢的一定准确性和及时性上加强锻炼。

5. 球速快

乒乓球的球速快主要是指在空中的飞行速度快，并且时间很短。这种快慢的速度受到的影响因素包括：

（1）球本身的重力。

（2）击球力量。

（3）击球角度、方向。

（4）球的高度。

（5）运动员的球感。

6. 变化快

变化快是指击球节奏很快，同时在赛程上面对对手所采用的战术变化也十分迅速。运动员只有通过不断变化的战术调整才能在应对对手的同时打对方一个措手不及，在战略上处于主动地位。

7. 恢复快

乒乓球运动发展到现在，竞争越来越激烈，并且由于比赛的时间很长，参与运动员数量多，因此局数也很多，在这种高强度、长时间和高耗能的赛事上，对运动员的体力要求很大，如果比赛双方的技术和能力都很接近，那么这时候就是比耐力的关键了。由于乒乓球运动属于无氧代谢运动，并且间歇性交替，所以运动员的耐力水平也受到身体体能恢复能力的影响，恢复能力可以通过训练提高，所以一定要重视体能的训练。

（四）专项突出，灵活多变

1. 球体轻、球速快

乒乓球虽然本身的重量很轻，但是由于飞行的速度和转动的速度都很快，所以要求运动员在感觉、反应、调控能力方面都要良好，才能接住球，再予以反击。

2. 技术种类多

乒乓球技术种类繁多，总体上分为八个大类，其中又分 80 多个小项，这些小项中又以多旋转变为主，典型旋转的就有 26 种。

3. 打法多样

乒乓球的打法有很多，比如说快攻、削球、弧圈球等，并且在器材上，球拍又分为生胶、长胶、正胶等等，每个运动员身体素质和训练方法不同，在技术风格上也会有所不同，大多都有自己的风格特色，如此多的变数就无形中加大了对运动员的要求。

4. 专项技能要求高

乒乓球运动不是单一的某个身体部位的运动，在击球的时候要调动全身的部位，肌肉和关节等都会使用到，所以这些关节或者肌肉一定要协调，手腕甚至手指的动作都十分关键。虽然乒乓球运动要求的技术比较全面，但是每个运动员又要有自己擅长的领域。在速度、旋转、节奏和战术转换上变化较大，因此要求运动员在掌握扎实基础的技术的同时也要战术灵活，综合能力要有一定水平。

5. 意志品质要求高

良好的意志品质是一名优秀的运动员必备的，这里主要表现为上进心、思维灵活、意志顽强、心理素质健康等。

二、乒乓球运动的功能

（一）促进身体健康发展

1.提升运动系统机能

乒乓球运动首先对人的运动系统带来一定的作用，人的运动系统包括了肌肉和关节，肌肉是人体动作的基础，肌肉由肌束组成，多肌纤维又组成肌束。肌肉动起来后连带着骨骼和关节也会活动起来，最终实现人体的各种动作和姿势的完成。

乒乓球运动中的各种技术和战术都依靠肌肉的牵动来完成。经常参加乒乓球运动可以使得肌肉越来越发达，这是因为在挥拍或者移动的时候需要调动大量的肌肉纤维来支持，而这种纤维的运动是重复性的运动，长期训练下来，会使纤维变粗，最终使经常使用的上肢、腰部和腿部肌肉越来越发达。肌肉参与运动，会加快血液循环，同时使内部的代谢加快。这种情况下，大量的训练会提高肌肉的速度和力量，增加耐力水平，最终实现运动水平的提升。参加比赛的乒乓球运动员为了适应更加高水平的比赛，会增加训练强度，最终促进肌肉、骨骼和关节更加发达。

2.调节及改善神经系统灵活性

乒乓球的球速在所有的球类运动中是最快的，同时它的球体旋转也是最强的。经常参加乒乓球运动可以增强中枢神经系统的运行，中枢神经系统发达可以提升其他器官和系统的调节能力，乒乓球增强神经系统的灵活性非常全面。在实际的乒乓球运动中，当对方打过来一个球，运动员需要在非常短的时间内判断球速和旋转的情况，这个时间可能只需要0.1—0.3秒，而且这么短的时间包括从球击到球落，接球方要在这段时间判断来球的各种属性，包括线路、弧线、落点、旋转、力量等，并且在了解之后还要迅速找到应对的姿势和力量判断。所有的动作都在一瞬间完成，在大脑接收到信息后通过中枢神经传递给各个器官来做出回应。

由此可见，乒乓球运动可以调节神经系统，长期参加对人的反应速度和身体的灵敏程度都有一定的作用，而且效果十分明显。

3.可以改善心血管系统和呼吸系统的功能

乒乓球运动可以增强人的心血管系统和呼吸系统。当然这种效果在不同的运动负荷下是不同的，适当的强度对于身体技能的提升是有帮助的，比如参加比赛就是一种适合的强度。

乒乓球运动在心血管系统方面有一定提升作用，经常参加乒乓球运动可以增强心肌和心容量，同时，这项运动也可以使心搏徐缓和血压降低，这样心脏的工作效率得到提升，血压也回归正常，对于心脑血管疾病的预防和治疗具有一定的积极作用。心血管系统正常运行可以提高身体代谢，增强身体的机能。

作为一项有氧运动，乒乓球可以提高身体组织器官的氧气吸收，使得体内的含氧量达到平衡的水平，进而促进心肺功能。乒乓球运动可以增强呼吸肌的力量，肺部功能也可以得到有效改善，提高肺活量。这是由于在运动中，人体需要大量的氧气供应，氧气可以使肺泡膨胀，呼吸肌进行放缩，然后整个胸腔会进行扩张。大量的乒乓球运动后让呼吸系统的机能得到提升，身体的素质会得到加强。

4. 可以提高人的应激能力

乒乓球运动本身具有速度快、灵活多变、旋转性强的特点，这些运动特点让运动员需要一直保持一种极度紧张和应激状态之中。所以，长期参与这项运动就可以提高人的反应能力，如果遇到突发状况，就要调动身体的整体机能，将应激水平发挥出来以应对解决，这种训练加强可以提高人在危急时刻的判断能力，更好的解决问题。

应激水平还和个体的身体差异有关系，心理素质、性格特征以及生活阅历经验等等都是影响因素。应急水平不同，突发状况的处理能力就不相同，拥有强大应激反应能力的人往往会体现出沉着冷静、处惊不变的性格特点，应激能力较弱遇到事情大多惊慌失措，处于紧张无力的状态。所以，如果需要提高自身的应激水平就可以经常参加乒乓球运动，锻炼自己的应激能力，提高自己沉着的办事能力。

（二）促进心理健康发展

1. 有利于个性心理的完善

"更高、更快、更强"的奥林匹克精神在乒乓球运动上可以有效的体现出来。秉持着这种精神，每一位运动员都能不断地完善自己的心理和性格。乒乓球运动是有规则的竞技比赛，参与比赛的运动员要在规则范围内进行比赛，这种竞技对抗不仅是体能和技术上的较量，也是心理和智力的一种较量，在比赛过程中会遇到各种没有预料的突发状况，这就需要运动员强大的心理去面对。在这种长期的比赛和训练过程中，运动员锻炼了自己的意志和行为控制能力。同时比赛场上难免会遇到比自己实力强大的对手，这种情况下，运动员也坚持以不放弃的积极心态去抗衡，用实际行动表示对对手的尊重和对自己的负责，并且即时输掉比赛也不气馁，不放弃，这是一种难能可贵的良好品质，因此可以看出乒乓球运动可以对人的心理进行塑造和培养。

2. 促进智力水平的发展

由于乒乓球运动自身的特点——快速和多变，因此在比赛场上对运动员的治理水平要求也比较高。如果运动员在对方将球击出之后才反应过来去调整战术，时间上就来不及，打不出更好的回击球甚至接不住对方的击球。所以，这就需要运动员在对方击出球之前就对对手的战术和击球、力量等做出预判，在预判的基础上做好准备，这样才能更好地应对。预判的准确性就要靠运动员的智力和经验。拥有准确预判能力的运动员往往是拥有丰富经验和经过千锤百炼的锻炼，由此可以看出多参加乒乓球运动可以锻炼运动员的智力、注意力和记忆力等。

参加乒乓球运动可以增强人的中枢神经的效能，从而在人体感知能力方面有一定积极影响。中枢神经的发达可以使大脑的思维变得更加灵活协调。同时，不仅在思维想象方面有一定作用，还在时空感觉、运动感知能力方面有促进作用，大脑神经细胞工作更加耐受。长期坚持，可以提高智力，增加智商。

3. 增进快乐，调节情绪

我们在前文乒乓球的起源就说到乒乓球运动最开始是一种室内游戏发展演变而来的，所以这项运动无疑也具有一定的娱乐性质，参与这项运动的人能感受到运动的快乐。在人体参与这种乒乓球运动的体育活动的时候，我们的大脑会分泌一种肽类，这种肽可以通过支配人的心理和行为让我们产生一种兴奋刺激的感觉，这种感觉往往会使人沉迷其中，更加愿意参加体育活动。乒乓球运动就是一种老少皆宜的体育运动，它规则简单、机动灵活、并且具有很强的娱乐性，鼓励人们多多参与，可以从运动中锻炼自己的身体、愉悦身心、陶冶情操。

乒乓球运动可以增强人的情绪体验，在进行乒乓球运动的时候，运动者在接球和打球的过程需要始终保持注意力的集中，长期锻炼下来，有助于运动员的情绪的稳定，良好的情绪心态也有利于运动员在生活中和周边的人和谐相处。作为一名专业的乒乓球运动员，在不断的系统的训练当中，得到的成长和成功都会让运动员的心理获得极大的满足感，每一次挥拍、每一滴汗水、和队友的密切配合都会让运动员体会到一种运动的乐趣，缓解一定的压力，更不用说如果在赛场上突破自己，拿下不错的成绩更能获得一种满足。由此可以看出，乒乓球运动是促进心理健康的重要部分。

4. 树立成就感

一个果敢、顽强、坚定的人必定是一个拥有完善人格的人，拥有完善人格的人无论遇到什么问题都能很好的面对和解决，这种人往往也容易成就大事。现代人的性格有当代时代的特点，人们更注重自我，渴望在生活中找到自己的价值，获得一定的成就感。乒乓球运动就是一项可以成就自我、实现自我价值的一种载体，也是这个原因，很多人选择乒乓球作为自己的兴趣甚至作为自己的毕生事业。在运动的过程中，人们不仅得到身体的锻炼，还可能遇到各种困难、失败、遗憾、愉快、满足、骄傲、友谊等等，尝到生命中的苦辣酸甜，人们不断超越自己、战胜自己，不仅技能有所提升，人生阅历也会更加丰富。可以得出乒乓球运动是一种良好的树立成就感的运动。

5. 提高意志品质

意志品质是一个人需要具备的精神属性。良好的意志品质拥有巨大的能量，它可以使人们在遇到困难的时候不放弃自己，坚定可以战胜困难的信念，找到应对之法。意志品质的内容可以分为坚持不懈、勇气以及独立和自律等等。

这些意志品质都可以通过参加乒乓球运动锻炼出来，乒乓球运动的技术战术千变万化，为了能适应这种多变的特征，运动员就需要不断地锻炼自己，这个过程一定是漫长并且枯燥的，要依靠运动员顽强的意志才可以完成。所以，乒乓球运动可以实现超越自己、挑战极限、塑造良好的意志品质。

6. 抵制心理障碍

心理健康问题在现在已经是一个受到大众社会普遍关注的问题，世卫组织也将心理健康归到"健康"的定义中，可以看到心理健康的重要性。心理健康和身体健康是组成人体健康的两大关键因素，这两者相辅相成，相互影响。乒乓球运动可以使运动员的精神集中，在训练和比赛的时候可以达到忘我的精神境界，摒弃生活中的不如意，适当地减少生活中的压力。经常参加这项运动可以缓解抑郁、焦虑等各种心理问题，对心理健康十分友好，总体上可以促进社会和谐。

（三）提升社会适应能力

1. 乒乓球运动与协作意识、社会角色及精神形成

（1）乒乓球运动与协作意识和协作能力的形成

①乒乓球运动与协作意识的提高

协作意识作为体育意识的重要且基础性的意识，不可忽视。协作需要大家齐心协力、合作努力。协作精神的体现好比大雁的飞行，只有运用团队的力量，大雁队伍才能飞得更高更远。与并肩战斗的伙伴是合作的关系而不是彼此争斗的关系，无论什么事业才能走得更远。

团结协作的精神意识在乒乓球运动中能够很好地体现出来，尤其是在团体比赛和双打比赛中更是这种精神体现的重点。当进行团体赛时，场上虽然只有一名运动员或者两名运动员，但是场下的教练和队友全程都在为参加比赛的队友呐喊

加油，当场上的选手遇到困难的时候教练员和队友会为他安慰鼓劲，当场上的选手得到胜利的时候教练员和队友也会为他高兴呐喊，正是这种团队的精神化为运动员强大的后盾，无论遇到什么情况，运动员都能积极面对。在双打比赛中更是需要队友之间的团结协作来赢得比赛的胜利，只有经过长期的沟通和训练，队友之间才能形成这种默契。所以虽然乒乓球运动是一种个体性比赛项目，但是也离不开集体的协作。只有经过千锤百炼，运动员才会形成良好的协作意识。

②乒乓球运动促进协作能力

有了协作的意识，就要有协作的能力才能让这种意识更好的发挥。当然协作能力也被看作现代社会人才的一项重要指标。社会发展到今天，各种工作越来越需要协作来完成，单打独斗很难完成重大的工程项目，这就需要团队的协作精神和能力。当然，单纯的多人工作并不能称之为团队，真正的团队是需要每一个成员各司其职又相互帮助，这样才能发挥团队的效益。乒乓球运动可以培养运动员的协作能力，这种能力在今后的生活和工作中都能帮助人们迅速融入集体。

（2）乒乓球运动与精神形成

体育运动不仅可以锻炼人的身体，还可以起到教化社会的作用，体育精神放在社会生活中可以完善人们的人格，形成良性的社会风尚。

虽然人们都在同一个社会上生活，但是每个人的人生经历不同会造就不同的观念、态度、习惯和行为，这是一种个性的反映。良好的个性可以帮助人们在社会上被他人认可接受，打造良好的人际关系。人的性格在一个人的个性特征中十分关键，这在人的为人处世和心态等方面都可以判断。体育活动的参与可以塑造一个人的性格，参加乒乓球运动就是一项良好的选择。

①乒乓球锻炼对个性形成的影响

乒乓球运动需要人的体能、精神和智能，但是仅靠这些还是远远不够的，还需要对这项运动的热爱，对这项运动充满感情，乐意参与其中，有高涨的热情，享受运动的乐趣。怀有这种感情，运动员才能在不断的失败和打击下坚持下来，获得进步，在前进的过程中认知自我，发现自己的优点和不足，并总结经验弥补不足。这是一种认识自我改造自我的过程，在乒乓球运动中塑造完善的人格。

②乒乓球运动与约束能力形成

乒乓球运动有利于人们形成自我约束的能力，当然这种主要针对专业的乒乓球运动员。运动员在运动队伍中需要受到规章制度和教练员的管束，并且很多运动员都是在少年时期就进入队伍中，可以说这种管理会一直约束运动员到退役。规章制度严格就难免会对运动员的自我想法进行管理限制，在团体中，个人要以集体的利益为主，适应群体的需求。为了更好地适应团队的生活，运动员就要心甘情愿的接受团体的制约，这就在无形中形成了良好的自我约束能力。比如，在比赛中获得胜利不能骄傲自满、将训练懈怠；在比赛中失利也不能丧失信心，要尽快振作，寻找自己失败的原因，总结经验，继续努力。正是这种千锤百炼的训练，才造就体育人百折不挠的精神。

③乒乓球运动与进取精神的形成

乒乓球运动是一种竞技类的体育项目，竞技项目必然是有竞争性的。在大众乒乓球运动中，乒乓球也因为有其竞争性，可以分出胜负被人们所喜爱，参与乒乓球运动的人自然都有同一个目标就是赢球，毕竟即使是在娱乐性质的乒乓球活动中人们也不想总是输球，会给人一种挫败感。所以为了赢得胜利，乒乓球爱好者就会投入更多的时间和精力去练习，希望自己能够提高技术水平。这也体现了乒乓球运动促进人们顽强拼搏进取精神的养成。

④乒乓球运动与道德品质的形成

人们生活在社会这个大环境下，必然会受到各种社会道德的约束，只有大家都拥有良好的道德品质，才能形成和谐文明的大家庭。良好的道德品质才能帮助人们在社会中得到认可，和谐的生活。

乒乓球运动不仅可以提高自我意识，加强自我约束能力，并形成拼搏进取的精神，还可以促使人们养成良好的道德品质，拥有责任感。同时这项运动规范人的行为，更好的接受生活中的痛苦和喜悦，这种情感经历对人生来说是难能可贵的。

⑤乒乓球运动与社会角色形成的关系

人是社会的人，作为在社会中生活的人，由于各种关系人们需要扮演不同的角色，当然不同的角色会承担不同的责任，享受不同的权利，并且要在生活中规范自己的行为。参加乒乓球运动可以很好地培养人们的社会角色感，同时也为这种角色的承担创造了良好的环境。

在乒乓球运动中，运动员也要承担一定的角色，因为在比赛当中需要各种角色为比赛服务。在不同的位置的运动员其责任不同，不同的义务要求会形成不同的行为和精神。在团体比赛中，上场前会分配不一样的场次，承担不同的场次责任，队伍分为主队和客队，主队的第一位和客队的第二位是两个队伍的头号选手，在打满了五盘比赛之后，这两个位置的队员将会进行两场比赛，承担两场比赛的责任，所有队伍的二号选手也要打两场比赛，三号选手只会在第三场比赛的时候上场，这样，前两号的选手可以出场两次，当然相对的责任也就比较大一些。由此，整个团体赛中运动员就形成了一种复杂的社会关系，每个人都有自己的责任，为了这个责任更好地承担和完成，取得最终的胜利，运动员就要遵守体育规范。球队的胜负分担在每一位成员的身上，只有每一位队员做好自己的事情，相互协作，互相信赖，才能有希望取得最终的胜利。

乒乓球运动可以让人们扮演不同的角色，承担不同的责任，感受到"体育微缩社会"的魅力，人们可以通过完成这个体育社会的角色来学会社会角色的扮演，为了更好地承担角色，人们要不断努力，通过努力，改变自己的社会地位。

2. 乒乓球运动与人际关系

社会中的人生活在一张巨大的社会关系网中，为了生存和更好的发展，人们就要学会和周边人沟通交流，人际关系十分重要。一个人如果拥有良好的人际关系，那么这将有利于他今后的发展，良好的人际关系也有利于社会的和谐发展。拥有良好的人际关系可以丰富人们的生活内容，发现更多知识领域。在这点上，乒乓球运动就能很好地体现，乒乓球运动具有开放性，这无形中就为人际关系的建立提供了良好的环境，更多的人加入到乒乓球运动正是基于以下几点作用：

（1）乒乓球运动对人的沟通能力的影响

人际关系的维护可以通过各种方式，但是最基本的还是沟通，只有沟通做到位，才能为之后的交流打好基础。通过交流，人们可以迅速理解对方的思想和立场，感知对方的情感。如果一个人不能很好地表达自己，靠别人去猜是难以真正得到他人的理解的，如果得不到对方的理解，对方会对这个人产生怀疑，从而影响之后的交往。

乒乓球运动会可以增强人们的沟通方式。这是因为，乒乓球运动必须由至少两个人来参与，双打比赛需要四个人，更不用说团体赛人数更多，这些都是需要用交流才能正常进行比赛。在比赛的前后甚至过程中，都需要教练员的指导，比如说技术的纠正、战术的布置、心态的建立维护等等，在双打比赛中，两个队友之间也肯定需要交流来进行战略战术的商讨。

这种沟通体现了直观、及时以及准确的特点，同时也包括了主动性、注意力集中等等。所以，参加乒乓球运动势必会促进这种沟通的能力提升，最终提高交流沟通的能力，建立和谐的人际关系。

（2）乒乓球运动可以改善自我意识水平

由于社会发展的各种原因，人与人之间的沟通并不会很直接，往往会比较隐晦含蓄，有的甚至是不真实的，这种情况下如果偏听偏信其他人的观点或者对他人的观点理解错误，就容易对自己判断错误，为自己带来一定的困扰。所以为了不依赖于他人的评价和看法，自己就要对自我有一个清晰的认知，有一个明确的定位，这样就不会被他人的言论左右，相信自己，在获得成功后不自傲自满，经历失败也不会自暴自弃，正确评价自己是建立良好人际关系的基础。

作为一名乒乓球运动员，虽然在训练的过程中有教练的指导和队友的陪伴，但是这终究是一个个人成长的过程，并且，运动队里人数众多，教练一个人会带很多队员，不会时时刻刻关注自己一个人，这时候就需要自己不停地提醒自己，发挥自我意识，不断地改进自己的缺陷，调整状态。这种长期的自我约束下，自我意识很快就会变得强大起来，在现实的行为上就会有所体现，并且将这种意识和行为变成一种习惯，一种为人处世的方式法则，会让这个人的社会交际过程更加顺利，通过和他人的交流来反思自己的行为，不断的规范约束自己，获得良好的人际关系。

（3）乒乓球运动对身体语言的理解和使用能力的影响

身体语言和口头语言以及表情语言共同组成语言体系，在实际的人际交往过程中，身体语言的运用也十分重要，身体语言和语言相互配合才能达到良好的沟通效果。身体语言的内容也十分丰富，不同的动作代表不同的语言信息，甚至同一个动作运用不同的幅度去表达都会有不同的效果。所以我们不光要理解人们语言上的意思，也要领会他人身体语言的表达，如果不能很好地做到这点，那么就会出现会错意的结果，做出对方意思相左的行为，容易招致对方的反感和不理解。

作为一种体育运动，乒乓球运动包含了丰富的身体语言，经常参加必然可以提升人们的身体表现力，由此提高身体语言的表达能力，对于他人的身体语言也能够及时的理解反馈。在世界乒坛中，很多运动员都有自己鲜明的具有代表性的身体语言，比如说我国的选手马龙，在赛场上从来都是镇定自若的状态，不给对手心理上攻陷的机会，给人一种自信的感觉；张继科虽然在赛场下会给人一种"睡不醒"的懵逼感觉，但是一旦上了赛场，就会展现出凶狠的一面，在战术上和心理上给对手强大的压迫感；日本选手张本智和在每次比赛得分的时候会嘶吼一声，给对手一种震慑。乒乓球运动在增加运动员协调性和柔韧性的同时，运用身体语言展现自己，形成良好的沟通效应。

3. 乒乓球运动与和谐氛围

和谐社会的建设需要每一个人的努力，只有建立和谐的社会环境，才能让身处社会的人们感受到和谐的氛围。这种和谐的氛围有利于人们情绪的稳定，拥有健康积极的心态，感受到和谐社会的美好。乒乓球运动可以推动和谐氛围的建立，同时这种和谐氛围可以让运动员从中获益，是一种双向互动互补的方式。

（1）在乒乓球运动锻炼中广交朋友

乒乓球运动作为我国的"国球"自然拥有庞大的群众基础，无论社会的每个阶层，都有人参与其中，是一种老少皆宜的运动项目。所以当我们参与到这项运动中就会发现周边的人跨越年龄、职业、阶层，大家没有复杂的人际区分，只有水平的差异，人们会在这个运动中交到很多的朋友，大家聚在一起的目的只是为了享受乒乓球运动的乐趣，这种友谊是纯粹的，让人们回到最本真、最质朴的情感交流中。

（2）乒乓球运动的特点对性格的影响

乒乓球运动的运动方式是在同一台球案上隔网进行对抗，这种运动不会有身体的接触。在这种比赛环境下，对抗的双方比的就是战术、技术和心理等，整体来说是一种"文明"的运动方式，这种方式会促进人们对自我能力的提升，专心应对比赛，心态比较平稳，遇到问题也会从自身找原因。这种特点会促使人们养成自我反思、勇于承担责任的性格特点，让运动员认识自我，并不断提高，克服人性的弱点，积极面对生活。

（四）响应社会价值

1.丰富中华民族精神

我国的文化历史悠久，在长期的发展中形成了具有自己特色的华夏精神，中华民族精神内涵丰富，蕴意深远，在世界上有很大的影响力，是我国对外交流的一张名片。"乒乓精神"寓于在我们的中华民族的精神中，是中华民族精神的重要组成部分。中国乒乓球队的精神内涵十分丰富，有胸怀祖国，放眼世界，努力为国争光的精神；齐心协力，团结战斗的集体主义精神；自力更生、艰苦奋斗的实干精神。这些精神正是对中华民族精神的一种延伸和传承，中华民族精神中的爱国主义、自强不息、团结友爱、求真务实的精神是"乒乓精神"的真实体现。同时，乒乓球队中展现出来的不屈不挠、不断创新的精神，胜不骄、败不馁的革命乐观主义精神也是对中华民族精神的进一步发展。拥有了这些宝贵的精神，我国的乒乓球队伍才能一次次战胜困难，带来数不清的荣誉，他们为我国的乒乓球事业做出了巨大的贡献，同时，也推动了世界乒乓球运动的发展。

2.弘扬爱国主义精神

"乒乓精神"是弘扬爱国主义精神的良好载体，可以起到教育大众的作用。乒乓球运动不仅可以锻炼国民的身体，有利于人们的身心健康，增加人们的沟通交流，还可以塑造性格，培养良好的精神品质。一个民族的精神形成会让国民的行为、思维和精神打上这个民族独有的精神烙印，这种精神很好地融入社会生活中，扎根于人们的心底，最终成为这个民族前进的动力，促进民族的发展。

"乒乓精神"拥有的教育价值在于中华民族精神的弘扬，这种精神不光适用于体育领域，放到社会上也会发挥一定的作用，所以"乒乓精神"要让全社会的群体都来学习。比如说，在中国乒乓球队的训练场里，很轻易就能够看到五星红旗和"胸怀祖国、放眼世界""祖国荣誉高于一切"的标语，这首先强调了运动员加入到这个集体中的最根本意义是什么。同心同德、团结战斗集体主义精神，教育人们学习谦让、互帮互学、团结合作，这可以让队伍中的每一个人明确自己的任务和价值，焕发出巨大的凝聚力和战斗力。"人生能有几回搏""从零开始"等精神，培育了人们顽强的意志品质和健康积极向上的性格。这些原本应用于中国乒乓球队的"乒乓精神"现如今已引起了社会的广泛关注，甚至已经对社会文化产生了积极的影响。

第三节 中国乒乓球运动的发展历程

一、近代中国乒乓球的发展

（一）组织的建立及发展

1.组织的建立

1904 年，乒乓球由一个上海文具店老板去日本采购货物时偶然看到乒乓球比赛从而产生兴趣，采购了十几幅乒乓器材带回上海进行推广，这就是乒乓球引入中国的一个事件。刚开始，乒乓球在中国的传播并不很顺利，在很长的一段时间里都遭受国人的怀疑和嘲笑。最初，乒乓球只在一些沿海发达城市的外国机构中出现，作为外国人和少数中国人的娱乐活动，之后开始在学校流行，当然，这时候也不是在所有的学校普及，只有极少数的学校流行这种娱乐项目，后来经过慢慢地推广，渐渐走到了大众的视野，当然这个过程也是比较漫长的。到了 1916 年，由坐落在上海市四川中路 599 号的上海中华基督教青年会的童子部干事 J.C.Cleak（克拉克氏）与国人童星门氏、赵士、瀛氏三君首创，当时准备了 9 张球桌，在青年会童子部进行推广，但也只有会员才有机会参与，普通的市民没有机会入内，这也只是供有钱人家的子弟娱乐。但是这也代表了我国乒乓球比赛的开始，是一种极大的进步。随后，这项运动渐渐开始在上海、广州、北京等这样的大城市推广开来。

1918 年，上海乒乓球联合会成立，之后建立了很多的乒乓球队，这项运动在这一年被推广到了全国各地，正式走进了国人的视野。推广开来的乒乓球运动给人们带来了极高的热情，人们纷纷练习起这项活动，由于人数的庞大，这时候亟须一个组织去规范，由此，有夜校方面的俞斌棋先生，青年会日校方面的唐昌民先生，及青年会的干事顾光祖先生，三个同仁一起倡议发起组织成立了一个上海乒乓联合会。1918 年前后，在广州的一些小学，开始开设指导学生练习乒乓球的课程，在香港，1920 年也开始开展乒乓球活动。1923 年，天津基督教青年会举办了第一场正式的乒乓球比赛，这场比赛设在了少年游戏室，共有 11 个人参赛，首先取得六盘胜利为最终的胜利者。也是这一年，全国乒乓球联合会在上海成立，乒乓球运动在我国得到了进一步的发展。1925 年，上海举办了中华队和旅华日侨的对抗比赛，取名为秋山杯。1927 年—1930 年，中国先后派出队伍参加第八届和第九届的远东运动会乒乓球赛，虽然最后没有取得理想的成绩，但也是我国乒乓球队走出国门的第一步。1935 年，中华全国乒乓球协会成立，在上海设定总部，这个时期乒乓球运动才成为我国的正式的体育项目，随后不断发展。

2. 组织的发展

乒乓球运动发展到 1924 年，越来越多的乒乓球组织成立起来，乒乓球队分布在全国各地，有南洋大学乒乓队、精武队、新青社乒乓队、岭南队、广东队等。1927 年，我国派代表队参加了第八届远东运动会，并在这次会上有了不错的表现，在全国来说都是一种振奋的消息，此后，国内乒乓球队的成立更是如火如荼，这其中的代表就是上海，组织了女子乒乓球队，比如两江女子体育学校乒乓球队。各种乒乓球队如雨后春笋苗壮成长，举办方涉及各行各业，像金叶交易所、纱布交易所、南洋兄弟烟草公司、东亚银行、通易公司、跑马总会等，乒乓球运动在我国完全兴盛起来。

1927 年，日本大阪的大日本乒乓球联合会根据以往的经验，考虑重新制定比赛的规则，同时也想要和中国共同商议制定下来，因此联系到了上海乒乓球联合会，但是上海乒乓球联合会只能代表上海地方，不能代表全国的意见，所以经过商议，上海乒乓联会将消息登上了报纸，打算听取全国各位同仁的意见，这时候，一个全国乒乓联合会成立了，这个机构采用的是委员制的方式进行管理，虽然因为种种原因，这个联合会更多的是担任对外交流与沟通的角色，运行了不是很长的时间就名存实亡了，但是这却是一次宝贵的尝试，为后面的真正的全国联合组织的成立打下了基础。从这也可以看到，一个组织的成立并不是一帆风顺的，需要时间的历练和实践的磨合，比如说精武乒乓球队的成立就经过了不少的波折和困难。直到 1935 年，乒乓球运动在全国范围内的传播越发广泛，这项运动在我国发展的越来越成熟，这种"天时地利"的条件下，"中华全国乒乓球协会"于上海成立。这次全国乒乓球联合会的成立具有里程碑的意义，是我国正式将乒乓球运动列为正式的体育运动项目，也更加有利于我国乒乓球界对外交流学习、互通有无，促进了乒乓球运动在我国的成熟，也大力支持了我国乒乓球运动技术的发展。

（二）赛事的开展

1. 国内赛事开展

在全国乒乓球联合成立之前，上海乒乓球联合会对我国的乒乓球运动做出了不少贡献。在 1919 年，上海乒乓联合会开始组织各种乒乓球比赛的开展，尤其是 1921 年到 1930 年期间，上海乒乓联合会举办的竞赛十分频繁。这些竞赛一般由乒乓球的团体发起，比赛的奖品大多由各种机关和商店捐赠。虽然奖品的捐赠多是资本家为了自己的商品或者事业做宣传，但是不可否认的是，这仍为乒乓球运动的比赛开展起到了推动作用。这时候，民众的热情都十分高涨，很多单位都组织起自己的球队参与其中。比较出名的有华一队、圣约翰大学队、中国台球研究会队等。之后，出现了由各单位高水平队员混编的混合队，比如天马队、精武队、琅琊队、广东同乡会队等。香港也在 1925 年成立了一个乒乓球队。广州的乒乓球活动发展的比较特殊，最开始是由小学的体育老师给学生指导，从小学开始抓起，经过几年的发展，广州市也相继举办了乒乓球比赛。1927 年，戴季陶先生在广东发起运动会，在这场运动会中，乒乓球运动也列入了锦标比赛中。由于地缘上的优势，广州、香港、澳门等岭南的区域举办了很多场比赛。在北方，青岛和济南等华北一些经济实力不错的城市也举办了规模较大的乒乓球比赛。此后，长三角地区比如杭州、无锡、苏州、南京等地也加入了举办比赛的行列。乒乓球运动真正成为一项风靡全国的体育项目，乒乓球运动的地位在我国运动项目中也得到了提高。

1924 年，乒乓球运动经过热心人士的推动，进入了全运会的比赛项目，但是这个时期，乒乓球比赛并没有取得很好的效果。在上海、天津等地纷纷出现了"比赛会"的组织，但是反响也不是很好。在这 40 多年的时间里，我国一共举办了两次全国范围的比赛，第一次是在 1935 年的第六届全运会上，这次属于第一届全国乒乓球比赛，比赛的地点在上海四川路横浜桥中央大会堂，发起的组织为上海乒乓联合会，这次的竞赛举行收到了全国各地的响应，参加规模不小；第二次全国性的比赛是在 1948 年，这次全运会比赛比上一届规模要大很多，参赛的单位包括全国 32 个省市，军队、香港、檀香山、菲律宾、马来西亚等地的华人华侨一共组成了 58 个代表队，人数达到了 2670 人，这也是国民党政府在大陆举办的最后一场全运会。此届全运会上的乒乓球比赛参加的单位也不多，西南、西北、华北的许多省市都没有参加。运动会上，乒乓锦标赛只设单打比赛，男子冠军由台湾代表队的王信友，女子冠军由香港代表队的梁玉洁获得。

2. 国际赛事开展

中国乒乓球队，组织几经完善，球艺大增，突飞猛进，声名远播，已达中外。1925 年春，旅沪日人桌球代表城户尚夫经三菱公司经理秋山的同意，捐助秋山大银杯一只，作为上海中日乒乓球比赛的锦标。这一次秋山杯比赛的结果为我国的乒乓队夺得锦标，此次中日之间在我国本土的第一次较量，已流露出我国对于乒乓球赛的一些优良成绩。到了 1927 年，当中日两国乒乓球专家协定了乒乓球规则以后，日本特来函邀请交流，我国欣然前往，由俞斌祺领队率众征东，结果中华队取得 6 场 4 胜的好成绩，获得荣誉而归。这一次是中国赴海外与日本乒乓球队的第一次交手，也是我国乒乓球队在海外获得光荣成绩的出发点。同年 8 月，第八届远东运动会在我国的上海举行，乒乓球比赛亦于会外表演，成绩斐然，于是轰动全国，遂引起国人之注意。此后各地纷纷组织乒乓队，尤以上海最盛！ 1930 年 5 月，第九届远东运动会在日本举行，中华乒乓队亦想参加比赛，结果未能前往。后由日本桌球会名义邀请中华队前往作为第二次比赛，旅费中日各半。出发前，由于经费所限，不得已中华队向中国内衣公司、中国乒乓球公司、上海市教育局、跑马厅、同人俱乐部、三和公司、新利洋行等倡议捐助，共得三百余元。中赴日后，共比赛 9 次，其中两次为锦标赛，我国失败，余为友谊赛。此外再与日本群山学校比赛，结果中华队全胜。自经与群山比赛后，回国后极力提倡女子乒乓，以作为将来与日本女子比赛之准备，女子乒乓遂亦各处举行了比赛。此后，国内的乒乓球界，更加努力，大有再接再厉的形势。

1937 年，我国乒乓球运动员第一次同欧洲选手接触，对手是匈牙利的乒乓球选手沙巴都士和他助手，沙巴都士在当时名列世界第四，曾获得世界单打冠军，他们于 1937 年来中国香港和上海做乒乓球的表演。我国运动员同他们进行过多场友谊比赛，但只胜两场。其中一场是中国香港选手潘世安胜沙巴都士，另一场是胜他的助手。

这一时期，中国没有参加过乒乓球的世界比赛。1936 年 2 月，国际乒乓球联合会主席蒙塔古先生曾致函诚邀我国加入国际乒联组织，但是当时我国处于内战的阴影下，政治局势也不明朗，而 1935 年 1 月在上海刚刚成立的中华全国乒乓球协会又因经费窘迫、球队组织也不完善，未能办成此事。1936 年与世乒联的失之交臂，让中国乒乓球走上世界舞台的时间推迟了十七年之久。直到中华人民共和国的成立，才使中国的乒乓球运动获得了勃勃生机。

二、新中国成立后乒乓球运动的发展

新中国成立后，中国乒乓球运动的发展经历了以下几个阶段。

（一）独占鳌头，领先于世界（20世纪50至60年代）

我国乒乓球运动从20世纪50年代开始飞速发展。我国在1953年第一次参加世乒赛，1959年，我国首次夺得世界锦标赛男单冠军，从此在世界崛起。1961年，我国主办第26届世锦赛，并获得3项冠军。1965年，我国男女队在世锦赛上斩获5项冠军，从此走向世界乒坛前列。

（二）技术创新，改革与发展（20世纪70年代）

20世纪70年代，中美开展了"乒乓外交"。在技术上，中国队不断发展和创新，在"快、准、狠、变"的风格特点上增加了"转"，直板正胶普遍增加了上旋球，随后在第32—35届世锦赛上中国队又取得了骄人的成绩。

另外，我国在这一时期形成了新型直板反胶进攻打法和横直板两面不同性能球拍的"倒板"打法。这些创新推动了我国乒乓球在20世纪80年代的进一步发展。

（三）培养新人，再创辉煌（20世纪80年代）

在1981年的世界乒乓球锦标赛上，我国乒乓球运动员夺得7项冠军，达到新的高峰，创造了奇迹。在20世纪80年代的五届世乒赛中，金牌总数的80%都由中国运动员获得。

（四）为国争光，永攀高峰（20世纪90年代至今）

20世纪90年代，世界乒乓球的发展呈现出多元化趋向，我国也受到了潜在的威胁。在第40届、41届世界乒乓球锦标赛上，中国队接连失利，但经过反思后加强技术创新，狠抓管理，培养新人，最终走出低谷，在第42届世乒赛上，夺得4项冠军，再创辉煌。

此后，中国队在世界乒坛一直处于顶峰，中国乒乓球运动员不断在世界大赛中创造佳绩，为国争光。从中国队最新在世界乒乓球大赛中取得的成绩中也能看到中国乒乓球的实力与地位，如2016年里约奥运会上，乒乓球男单、女单、男团、女团的冠军均由中国队获得。2018年第54届世界乒乓球锦标赛中，中国队获得了男团和女团冠军，2018年在伦敦举行的乒乓球世界杯团体决赛中，中国男队、女队双双夺冠。

回看我国的乒乓球发展的历史，乒乓球的发展并不是一帆风顺的，有过辉煌也有过失利。但是不可否认的是乒乓球运动已经融入国人的生活，乒乓球精神也在时刻激励着一代又一代的运动员拼搏向上、为国争光的进取精神，这种精神是一项宝贵的财富，必将推动着我国的乒乓球事业继续前进。

第四节　世界乒乓球运动的发展概况

一、美国乒乓球的发展概述

（一）美国乒乓球的发展

乒乓球发展之初，是作为一种游戏活动流行在上流社会，无论是社会名流还是政坛要人都积极参加这项活动，甚至并把参加乒乓球活动当作高贵身份的象征。乒乓球运动很快由报纸媒体大力宣传，所以，这项运动很快就打入了美国地区，并在美国地区快速与发展，建立了很多的乒乓球组织。美国的乒乓球比赛也如火如荼地展开，不同协会会组织比赛，不同城际也举办了很多的友谊赛，乒乓球运动还发展出了很多的新花样来进行表演，可谓是"百花齐放"。这种频繁的比赛打响了乒乓球在美国的知名度，促进了乒乓球运动在美国的正规化、组织化发展，下面列举几个美国早期的明星球员和比赛。

（1）马库斯作为乒乓球运动员在美国乒乓球运动史上占有举足轻重的地位，他在1929年举办的纽约市比赛中夺得冠军，之后一年继续获得纽约的地铁公开赛冠军，1931年参加美国第一届全国锦标赛，不负众望再次夺冠。

（2）1932年，美国的桌球协会成立，马库斯再次获得这个协会举办的乒乓球协会冠军。

（3）1933年，美国诞生了一名女子冠军，这名运动员采用的是手指弹拨旋转球的方式进行发球并取得胜利。

（4）1933年美国乒乓球协会成立。

（5）1933年到1934年，R.H.阿隆斯连续获得女子乒乓球冠军。

（6）1935年，一项新的乒乓球规则诞生——球拍规则。

（7）美国与加拿大多次举行乒乓球比赛。

（8）1936年，美国的手指拨球发球技术遭到了乒联的抵制，国际乒联组织会议讨论这项技术的取消，参与的国家有36个。

在1936年到1937年，美国举办的乒乓球比赛对乒乓球的规则做了很多改动，首先是比赛的节奏要求加快，杜绝"蘑菇球"局面的出现。其次是将球网的高度降低，从原来的6.75英寸变为6英寸。最后是取消了手指弹拨旋转发球的技术的出现。

（二）美国国内的乒乓球赛事

美国国内举办的乒乓球比赛多是城市之间的比赛或者组织的全国比赛。成绩比赛的频繁召开，加快了美国对乒乓球规则的制定，乒乓球协会根据比赛的情况制定了各种规则和政策，保障了乒乓球运动的环境，促进了其健康发展。这其中包括对比赛精神的细化：运动员要有体育比赛的精神，严格约束自己的行为，文明比赛，在比赛的时候要文明用语，不能辱骂对方或者裁判，当对比赛持怀疑态度时，要保持冷静，不能愤怒有过激行为，在规则允许的情况下进行申诉，同时对于评判的结果也要予以尊重。

1. 城际赛事

在早期的城际比赛中，很多运动员对这种比赛都抱有消极的态度，当时公认的奖牌获得数最多的选手是麦克卢尔，但是这名选手却屡次拒绝参加省级的比赛，还有运动员 Jimmy（吉米）也不看好城际比赛，尤其是东部和西部之间的比赛，即使他被选入了城市的代表选手，他也会拒绝，这是他在公开媒体上说的想法。

这种消极的比赛态度不仅代表了他们的偏见，也表明了他们有不负责任的一面，对协会不负责也是对自己不负责。所以协会需要对这种运动员不合作的行为进行约束，一旦打开球员不服协会规则约束，我行我素的口子，那么将来会不利于协会对运动员的管理。球员身处协会中，受到协会财力、物力上的支持，并且给他们成长的条件，球员也要为协会负责，这是双向的。因此，美国乒乓球协会在表演赛的第八条规定中重新增加了四条新的规则：

（1）限制一些经过比赛成长起来的协会运动员参与一些和锦标赛冲突的表演性质的比赛。这条规定也防止在锦标赛比赛期间组织起来的表演性比赛，一切表演赛不能和锦标赛相抗衡。

（2）在组织打算举办表演性的比赛的时候，要提前报备给乒乓球协会和表演协会，出示清楚他们的比赛安排，便于协会根据比赛的时间冲突来撤销掉一些无谓的比赛。

（3）队伍的成立流程要十分规范，严厉打击那些没有申请私自成立的队伍，予以严重的处罚。

（4）坚持原则，重大的比赛如果没有充足的理由不可以不参加，尤其是实力水平高的运动员，如果违反规定，将会收回已有的荣誉和头衔。

拉普建议美国乒乓球协会要对之前运动员麦克卢尔拒绝参加比赛的行为予以相应的处罚，并向公众明示。

1928—1939 年乒乓球锦标赛：为了庆祝纽约麦德龙集团：美国乒乓球协会——一个由巴克斯兄弟认同的采取"大商业的方式"来组织运作的协会，有 400 场之多的乒乓球锦标赛在宾夕法尼亚州旅馆举行。赫伯特·艾伦，在《纽约邮报》发表言论："促使美国跨出开始乒乓球这个运动的第一步应该是全民运动的开展。"他说："乒乓球全民运动的开展，首先报纸媒体方面应该关注乒乓球成绩优异者，对这些明星的关注应该是多方面的，包括这些乒乓球获胜者是怎样梳头发的，是否喜欢吃菠菜和他们对于女人裙子长度的看法。"另外，艾伦说："乒乓球全民运动的开展还要有赖于这项运动的国内机构的建立，相应的官员们也应该抓住每个机会和场合对听众们发表演说，演说的内容应该是关于乒乓球运动的更高理想境界是什么，并要指出这项游戏些年轻人身体和精神带来的好处等等。"因此，对于开创者来说，我们不仅要把功劳给匹克斯兄弟也要给纽约市的汤姆金斯广场（大道大街和十号大街）的男生乒乓球俱乐部。那里由明星球员和全能运动员（游泳、篮球、排球、女子铅球、手球、网球）唱主角。而马库斯·马克这位早期的美国超级巨星努力帮助把乒乓球在美国得到普及。当他因为获得美国国内乒乓球比赛的第一名而声名鹊起后，他被所在的俱乐部开玩笑地归类到"打球成瘾"的那个类型中的人。

1931 第一届（APPA）国家锦标赛：第一次正式的全国乒乓球锦标赛从 1931 年 3 月 25 号到 28 号在纽约市宾夕法尼亚州酒店举行。有 369 个参赛选手（近 150 人第一轮轮空），每个人支付 1 美元的入场费。选手大多数是来自纽约新泽西地区，但也有十几个城市外的代表。据了解，有 700 名以上的运动员想参加，但是据说场地只有 8 张桌子（后来增加到 16 张），所以不得不设限，只能男性才有资格参赛。

第一场的国家锦标赛最终得分是 21 ：18，在最后一场比赛中，媒体还进行了现场的报道，这次比赛的排名刊登在了当地的报纸上，这引起了社会各界的广泛关注。

1939 年举行的和加拿大的对抗赛地点设在了加拿大的多伦多，这是第五届国际团队锦标赛，在这次比赛中，加拿大第一次战胜了美国，并且比赛的结果悬殊，比分只有 6 ：0，这种局面的出现是因为和美国对阵的城市并不是多伦多，而是蒙特利尔，大家认为多伦多的球员水平不够，没有资格可以参赛，所以是蒙特利尔的团队击败了美国队。

2. 学校之间的赛事对决

美国的乒乓球比赛除了城际之间的对抗，还有一种就是高校举办的比赛也比较引人关注。1939 年，有一场比赛叫公立高中的乒乓球联盟比赛，这种比赛地点位于费城，他们的主席是一名足球教练 James Carter（杰姆斯·卡特）。这个联盟的赛季分两个，分为体育馆联盟赛和非体育馆联盟赛，每一个队伍都有 9 名队员，联盟选拔选手的规则是要先在本校进行校内的选拔赛，胜利者才有资格代表本校参加校际联盟赛。堪萨斯市有两个学校的竞争比较激烈，当时的美国乒乓球协会的教育部主席的儿子也参与了比赛。

（三）美国乒乓球的鼎盛时期

1937年是美国乒乓球的收获季节，美国队在1937年的奥地利巴登第11届乒乓球世锦赛中，同时包揽男女团冠军。1937年发生了两个重大事件：

（1）国际乒联采取了限制比赛时间的措施。1937年第11届世乒赛中，美国选手阿隆斯和奥地利选手普里斯在决赛中超过了1小时45分钟的时限而被判犯规，致使当年女单冠军空缺，直到2001年才给二人"平反"并追认她们并列冠军。

（2）国际乒联其实早在1937年的时候就已经通过了参加奥运会的决定，但是由于当时的蒙塔古主席对于乒乓球这项运动没有太多自信，怕遭到奥委会的拒绝就没有予以提交申请，并且在此后的50多年时间里都没有进展。乒乓球在今天仍然不是奥运体育项目的第一档运动，这和美国的阻挠是分不开的。

（四）美国人创造的手指转发球

1937年，第11届世乒赛的举办地是奥地利的巴登，在这次比赛中，美国展现了他们新的技术——手指转发球。这种发球的方式是用手指挤压球，让球在挤压的作用下进行旋转，这种旋转是不可预测的。这种旋转度很强的发球方式第一次展现就让美国占尽了先机，其他国家由于对这种技术并不熟悉，所以屡屡出现失误。

这种新的发球方式的出现导致在这场比赛中一改之前马拉松比赛般的比赛时长的局面，比赛的时间一下子由极长变为极短，这种局面更加恐怖，所以为了改变这种不科学的比赛方式和时间，比赛结束后，国际乒联会对赛事规则进行了大规模的修改，取消了这种发球技术的资格，这种限制反而对乒乓球的健康发展起到了推动作用，但是美国乒乓球一下子萎靡不振，并且不能接受这种规定，转而不再玩乒乓球，乒乓球因为在美国没有了市场，这种情况也为后来的乒乓球的发展带来了消极影响，美国掌握了体育市场的领导权之后对乒乓球运动也进行了限制。

二、苏联的乒乓球发展概述

到20世纪20年代末，乒乓球在莫斯科已经很流行了。但其实乒乓球在苏联的发展历史很短。在1926年之前，苏联并没有引进这项运动。但是在乒乓球引进苏联之后，在苏联的各大城市里，几乎所有俱乐部、电影院、机构、公园和一些家庭的大厅里，黄昏时都能听到乒乓球敲打桌子的声音。人们对于乒乓球的热爱无以言表，许多个人和团体比赛在不同的地点举行，在市级地区也常有比赛举行。在莫斯科和列宁格勒（ ）的球队进行的几场友谊赛中，总是列宁格勒（今圣彼得堡）的球员赢得了比赛。但毋庸置疑的是，他们的球队都是由最好的乒乓球运动员组成的。

在当时的苏联，乒乓球技术还不发达，更多的接近业余水平，运动员之间的发球和接球都是靠近球桌的，只有极个别优秀的运动员能够掌握一些难度动作，在比赛中获得胜利。

由于技术的落伍，导致人们对于乒乓球的兴趣一落千丈，在各个城市也看不到打乒乓球的人，甚至在 1931—1932 年期间，乒乓球厂商都停止了乒乓球具的生产，整个国家的乒乓球事业陷入了停滞不前的状态。

直到 1946 年，乒乓球才在莫斯科开始重建并蔓延到其他城市。这一次不同于 20 世纪 20 年代，打乒乓球的不再是业余的组织和个人了，而是换成了由国家统一组织发展的国家队。乒乓球运动迅速发展成更全面、更有规模的队伍。在队伍当中，训练的方法都按照国际标准，挑选人才的标准也更加规范。对于教练的选聘也按照能力来划分，这一系列的改变使得热爱这项运动的青少年很快就掌握了相当先进的乒乓球技能。每个城市，每个加盟共和国、各体育协会中央理事会，都举行了许多冠军赛。今天，乒乓球运动不仅在莫斯科和列宁格勒（今圣彼得堡）进行，而且在俄罗斯联邦共和国的其他城市进行，如乌克兰、立陶宛、拉脱维亚、爱沙尼亚。

1950 年 11 月，在莫斯科举行了第一场全苏联参与的乒乓球赛事，在这场赛事当中，有 20 个队伍参赛，这场赛事确立了乒乓球这项运动在苏联的地位，也展示了乒乓球在苏联国内的影响力，同年成立了全苏乒乓球运动部。

乒乓球竞赛在苏联更广泛而大规模地开展起来是从 1951 年到 1952 年。1951 年 4 月在里加会举行乒乓球竞赛，参与的城市有莫斯科、列宁格勒（今圣彼得堡）、里加、塔林、卡乌纳斯、埃里温、利沃夫和基森列夫等八大城市。在这次的比赛当中，卡乌纳斯代表队得了第一名。阿·阿科平（埃里温人）与爱沙尼亚的米托芙在此次比赛当中大放异彩，在 21 场比赛中完全获胜，无一败绩，让全苏联的人们都记住了他们。

1951 年 11 月，96 名男女运动员聚集在维尔纽斯，参加苏联举行的第一次乒乓球冠军选拔。他们来自莫斯科、列宁格勒（今圣彼得堡）和 11 个支持他们的共和国的。在参加比赛的年轻运动员中，只有 70% 是已经有比赛经验的选手，而剩下的选手都是第一次参加。阿克平是此次比赛的冠军，他是多方面擅长的"斯巴达克"队队员。

1952 年 2 月，来自莫斯科、列宁格勒（今圣彼得堡）和 11 个加盟共和国的代表队来到了哈尔科夫市，他们前来参加第一届全苏青年男女乒乓球赛。获得了国际冠军的是爱沙尼亚苏埃社会主义共和国青年队。帕切和帕什加维邱斯（立陶宛人）获得混合双打第一名。爱沙尼亚的密克隆和依瓦斯克在青年双打中获得第一名。

第二次乒乓球苏联锦标赛于 1952 年 11 月在爱沙尼亚首都塔林举行，这次的比赛有 16 个来自各个体育协会的代表队参加。这次比赛为个人赛，每个代表队都有 6 个队员，每个队员都要打 15 场比赛，比赛类别有男子单打、女子单打和混合双打。这就十分考验每个队员的个人能力与团队配合能力。最终进入决赛的是"斯巴连克"第一队和"查里吉利斯"队，这两个队伍实力相当，最终斯巴达克队员以 8：7 的微弱胜利险胜，获得了他们队伍的第一次冠军。

在这些比赛当中，出现了许多家喻户晓的乒乓球运动员，如阿科平、萨岛若利斯、村施克萨斯等等。24 岁的萨岛若利斯，在打球时候的风格十分稳固，将对手的球能够牢牢防守下来。他善于正拍击球，也是第一个获得苏联冠军称号的选手。

在男子双打、女子单打、混合双打这三种比赛中，都产生了新的冠军。立陶宛女运动员列维邱坊（查里吉利斯队）在决赛时战胜全国第一届女子冠军米托芙，战绩喜人，她也因此获得 1952 年苏联女子冠军，并且因为她漂亮的进攻姿势，她获得了大众的喜爱。这位苏联的女子新冠军，一时间炙手可热。而男子双打冠军为维里斯吉切和岛雨金泊（两人都是立陶宛人），混合双打冠军日列维邱切和会里岛斯卡土（两人都是立陶宛人）。

在激烈的乒乓球竞赛中，这项运动在人民民主国家更加受到了欢迎。于是在 1953 年 3 月，里加举行了莫斯科、塔林、维斯和里加等四个城市代表队的竞赛。在这次最大的国际比赛当中，匈牙利、捷克斯洛伐克、罗马尼亚的运动员多次取得了卓越的成绩。

罗马尼亚女运动员洛霞奴第四次连续获得了世界冠军，而第二十届世界乒乓球锦标赛正是她赢得的第四次比赛。这场赛事于 1953 年初在罗马尼亚首都布加勒斯特举行，参加比赛的有 14 个国家的代表。在这次比赛当中，和洛霞奴一同进入决赛的是匈牙利的法尔卡什，但是最后 1：3 惜败洛霞奴。男子组的冠军是匈牙利男运动员居多。

女子双打和男子双打的冠军分别是洛霞奴、法尔卡什和席多、科奇安。在这两组比赛当中，他们分别战胜了奥地利队与英国队，在苏联的乒乓球史上是一个大突破。

乒乓球运动是一向十分有趣味性的运动，而且对每个人都有益处，在世界的每个地方都很受欢迎。在任何地方，只要有好的乒乓球运动员，即使乒乓球拍不是一流也能开展乒乓球运动，那些喜欢打乒乓球的人，能够依据爱好组成一个乒乓队。

三、匈牙利的乒乓球发展概述

匈牙利的首都为布达佩斯，与奥地利、斯洛伐克、乌克兰、罗马尼亚、塞尔维亚、克罗地亚和斯洛文尼亚这些国家接壤，是一个位于欧洲中部的内陆国家，人口约1000 万。

匈牙利队是乒乓球比赛中一个成熟的队伍。18 届世乒赛中，匈牙利队是名副其实的头号霸主，国家队当中有很多令人闻风丧胆的悍将，比如男子运动员阿·雅可比，女子运动员 M. 梅德尼扬斯基。在全部的 117 个冠军中夺得了 57.5 个，占比率高达 49.1%，并且获得了 1—5 届世乒赛的蝉联冠军。

直到 20 世纪 50 年代之前，世乒赛都是以匈牙利队为代表的欧洲人的天下。但是日本队的崛起将世界男子乒坛重心转移到亚洲，打破了欧洲的垄断。直到1979 年平壤第 35 届世乒赛上，匈牙利再次崛起，匈牙利队夺回了阔别 27 年的男子团体冠军奖杯，但是他们夺得的冠军是借助了外在技术，据说是克兰帕尔在一次比赛中，偶然发现重新粘贴的海绵可以让击球时速度和旋转都明显增强，所以"快速胶水"就成了他们出奇制胜的一大法宝。这一"秘密武器"具有魔术般的效果，但是并不是常胜的保证。很快，这项技术便被各国运动员所周知和掌握，并成为乒乓球厂商的一大生意。这其中的原理是利用胶水里的有机溶剂快速挥发，渗透到球拍的海绵层，使细小的微孔结构充气和鼓胀起来，海绵层因此增厚 3%—10%，击球时更富有弹性和容易透板，使得运动员的手感更佳，让击球时速度和旋转都明显增强。因为"气穴现象"和"水锤效应"，导致球击板发出的声音格外清脆响亮。但是这个办法也并不持久，选手在使用"快速胶水"之后，只能维持很小一段时间，之后还想要这种效果就只能反复刷胶，而且这种胶水的气味也刺鼻难闻，因此在比赛场地不得不设置一个专门的"刷胶室"。

中国和匈牙利之间的对抗已经成为世界体坛最主要的对抗，但在短暂而光荣的时间之后，匈牙利队中没有出色乒乓球人才而逐渐没落。然而，由于在第一次世界乒乓球锦标赛上独占鳌头，匈牙利队以 68.5 张总金牌数排名第二，仅次于中国队。再过了 27 年，匈牙利队在 2010 年第 50 届世乒赛中击败了瑞士队，进入了世界八强。

四、日本的乒乓球发展概述

（一）乒乓球传入日本的具体时间

根据可以查到的历史记载，都可以证实，日本是亚洲第一个引进乒乓球的国家。但在关于引入的时间却有两种说法。

第一种说法是在 1895 年，也就是明治 28 年被引进日本。但是在现如今的历史记载中，认为乒乓球在 19 世纪末开始从美国被发明出来，并在 1900 年发明赛璐珞球后才传播到世界各地，所以这种说法这是不准确的。

另一种说法是，乒乓球是 1902 年传入日本，是一位在欧洲工作的教授将乒乓球带回了东京。日本人称它为"桌球"。根据史料记载，在欧洲打乒乓球的人都是横握球拍的，而日本人则习惯竖着拿球拍，很多人猜测，这是因为当时日本人有使用筷子的习惯。

（二）日本乒乓球运动的发展

在乒乓球刚传入日本的 20 年里，只有一些业余爱好者喜欢打乒乓球，在大学和社会当中的影响力不高，甚至只有一些大学才有乒乓球桌。1921 年，日本政府成立了第一个乒乓球协会，目的在于有系统地管理乒乓球这项运动。然而，不幸的是，由于内部的分歧，这些激烈的斗争最终导致协会分裂成小群体，从而导致日本乒乓球协会并没有持续多久。最终日本的国家乒乓球联盟在关东诞生，该联盟自乒乓球协会成立以来一直在发展，由于良好的维护，这个联盟一直在运行，最终成为现如今的日本乒乓球协会。而在之后成立的其他一些乒乓球协会，如日本乒乓球联合会，也纷纷加入。

就在当时那么混乱无序的状态之下，日本还举行了多次乒乓球锦标赛，但是关于比赛举办的次数却众说纷纭，有的说是两次，也有的说三次。而从另一方面来说，虽然乒乓球组织一直处于混乱的状态之下，但是人们对乒乓球这项运动的喜爱却与日俱增，打乒乓球的队伍也在逐渐扩大，甚至女人和学生也都进入打乒乓球的队伍当中。在 1926 年，乒乓球首次被认同为一个竞技项目，在第三届明治神宫体育大赛上登上舞台。接着在第二年，乒乓球在第八届东亚会上成为公开竞技项目之一。第三年日本乒协加入了国际乒联。但是好景不长，日本乒乓球赛在正式成为体育竞技项目没几年之后，就被踢出了国内重大运动赛事，这是因为在日本国内的各个乒乓球组织之间纷争不断，让体委会不堪其扰。直到 1931 年经过教育文体部的周旋和多方调解，成立了一个综合性强的乒乓球组织——日本乒乓球协会。这也成为日本乒乓球在其发展史上的一个转折点，从那时起，乒乓球就变得受欢迎并蓬勃发展。1937 年后，日本乒乓球协会就成了官方的名字，该协会与现代日本乒乓球事业有着密切的联系。1933 年，新的比赛规则制定了一些法律法规和约束。日本国内乒乓球社在全国范围内扩大了一个新的分支，由日本乒乓球锦标赛举办的体育比赛、共同的体育比赛以及日本帝国乒乓球组织组成。这个组织于 1939 年加入日本运动俱乐部并获得认可。当时的乒乓球比赛是以软式乒乓球作为主要项目，在 1936 年，硬式乒乓球才正式在日本国内成为一个体育项目，这也是日本乒乓球在走向国际道路上作下的铺垫。

1937 年日本乒乓球协会成立。英文为"Japan Table Tennis Association"（缩写为 JTTA）。这个时候的日本乒乓球出现了软式和硬式共存并用的现象。日本人在第二次世界大战之前，根本就没有和世界进行任何形式的交流，当时的日本运动员还在使用光板，在乒乓球的练习上也是关起门来自己练自己的。直到 1938 年，匈牙利的前世界冠军访问日本，和日本第一次进行了国际乒乓球交流。匈牙利的前世界冠军把有橡胶的球拍带入了日本。到了第二次世界大战爆发的时候，随着战事的发展，国家和个人都没有心思花在体育运动上，乒乓球在日本的发展也随之进入了一个瓶颈期，在 1943 年，乒乓球大赛全面停止举行，乒乓球在日本的发展走入了一段空白的历史。而因为战争的原因，日本在国内全面禁止英语，所以乒乓球的规则都换成了日语书写，可是因为翻译的问题，导致一些规则翻译不准确，给运动员带来了困扰。

1946 年，战争结束时，那些经过战争之后幸存的负责官员开始重建日本乒乓球联盟。在联盟里面重新制定规则、组织法规等等，他们坚持战前的事情，而联盟里面少数的社会工作者则继续为维护一个标准组织的声誉而奋斗。同年秋天，在战后日本的新发展中，体育发展规模巨大，体育运动发挥了关键作用。这个组织联盟主办了日本第一场全国体育比赛，而乒乓球正式作为一项正式的体育项目在运动会上被举行，日本全国举行了乒乓锦标赛。1947 年，日本乒乓球队在马歇尔杯上展开了一场比赛，渐渐地，乒乓球这项运动重新走入了大众的视线，日本全国对这项运动变得更加自信。1949 年，日本再次获得国际乒联承认，国家体育组织将重返国际比赛，这样使得日本国内乒乓球运动的发展得到喘息，为日本国家队参加世界锦标赛获得了额外的时间。

1951 年，政府实施了名为"日本企业乒乓球锦标赛"的项目，以刺激企业间乒乓球运动的积极性。在这样的背景之下，日本乒乓球项目出现了一个绝佳的机会，1952 年孟买（亚洲印度）世界举办的世锦赛上，日本作为亚洲国家之一参加了比赛，并且在比赛当中一举夺魁，这个结果这是无法想象的，日本居然可以通过第一次的比赛就打破欧洲的垄断，这次日本夺得冠军无疑是给世界来了一声惊雷，让世界乒乓球的格局重新洗牌。1952 年，日本抓住机会参加在印度举行的第

19 届世界锦标赛。为了在其间赢得世界瞩目的比赛，日本人苦心孤诣，最终赢得七场比赛中的四场，日本梦想成真。随后，日本却出现了两次失误，除了败给英国队之外，还在 1953 年的世界锦标赛当中，以东道主的身份被击败。1954 年，日本参加了伦敦举办的乒乓球锦标赛，成功地赢得了三场比赛，延续了前辈长期的荣耀。日本人在随后的十年里始终保持着世界一流的成绩。

1956 年，日本主办了第 23 届世界乒乓球锦标赛。这次比赛当中多达 22 个国家来参加。东京体育馆连续几天人满为患。在此次比赛当中日本取得了巨大的成功，在四个项目中获得了奖牌。数一数 1952 年至 1959 年间的七次世界锦标赛。日本得到了 49 个冠军中的 24 个。

然后，在慕尼黑乒乓球锦标赛之前，日本获得了最多的金牌。在此期间，中国在第 26 届北京大赛跃居世界领先地位，成为日本的主要竞争对手。然而，后来中国因为国家内部的一些变革，中断了比赛的参与，日本再次占据了主导地位。1972 年，在名古屋举行的第 31 届世界乒乓球锦标赛上，中国再次参加，在所有项目中获得 4 次胜利。相对日本来说还是稍差一截，所以 20 世纪 50 年代的国际乒联世界还是"日本时代"。

之后日本在乒乓球方面的没落，使中国成为一个势不可当的乒乓球大国。在名古屋举行的第 31 届世界乒乓球锦标赛上，中美两国以"乒乓球外交"的姿态握手，这一幕现如今还被记录着。比赛结束后，美国代表团将前往中国进行访问交流的消息在世界广播。最轻的球类运动是乒乓球，但它却在历史上留下了最为浓墨重彩的一笔。名古屋锦标赛之后，为了再次邀请中国，日本退出了亚洲乒乓球联赛，并与中国一起于 1972 年成立了亚洲乒乓球联合协会并成为主办国。联合协会成立之后，日本为亚洲乒乓球技术提供支持，以促进亚洲乒乓球，并同中国进行各种各样的活动，首先是 2A、3A 会议的举办，其次是亚洲乒乓球锦标赛每两年举行一次。与此同时，日本指导发展中亚洲国家乒乓球技术，为乒乓球在亚洲的发展做出了努力和贡献。

经历了这些历史之后，1976 年 7 月 12 日，日本乒乓球协会创立成立 45 周年，日本乒乓球协会提供了一个机会，以实现日本长期以来的一个愿望，也就是成立了日本财团法人，确立了今后发展划时代的基础。1981 年，第 36 届世界锦标赛在巴尔干半岛的诺维萨德举行。自 1952 年以来，只有少数日本人赢得了冠军，日本实力的一退再退震惊了世界，虽然日本在 10 年前就已经有竞争力了，在世界范围内落后也是一个无可指责的事实，但是自从在诺维萨德失利后，日本真正受到了打击，决心在下一届东京奥运会上再次成为冠军。为了实现这个目标，日本改善其政策，并尽一切可能重振乒乓球技术。1983 年 4 月，第 37 届世界乒乓球锦标赛在东京举行，这是日本第三次举办比赛。这次比赛有从世界各个国家 86 名乒乓球协会，共计 1033 球员，为历史最大规模的一次，国际乒乓球协会主席给予了最高的赞誉，但这依然未能实现日本人的夺冠梦想。

总而言之，日本的乒乓球事业仍然在发展。1921 年，日本成立了第一个综合乒乓球组织并举办了正式的乒乓球比赛。1931 年，日本乒乓球协会的前身日本乒乓球联合会成立，目的是普及和发展乒乓球运动。1952 年，日本第一次参加了奥布伊世界锦标赛。目前有 8 到 85 岁的乒乓球俱乐部，绝大多数人把乒乓球作为一种爱好技术。2003 年，俱乐部的注册人数超过 27 万人。1988 年，乒乓球成为奥运会竞技项目之一，日本将所有项目都参加了一遍。

第二章　高校乒乓球运动教学的理论研究

本章主要内容为高校乒乓球运动教学的理论研究，从三个方面展开论述，分别为高校乒乓球运动的教学原则与任务、高校乒乓球课的教学方法与模式以及高校乒乓球课的考核与评价。

第一节　高校乒乓球运动的教学原则与任务

一、高校乒乓球运动教学的基本原则

乒乓球运动的教学原则是经过长期的理论研究和教学实践浓缩而成的，也是教练在组织乒乓球教学活动时必须遵循的原则。这种基本原则在乒乓球教学中起着极其重要的指导作用。最重要的原则如下。

（一）直观性原则

乒乓球教育中信息的有效传递有很多种方式，而教学也含有多重含义。在指导运动员的时候，应该让他们清楚明白所教内容的正确含义，使运动员能更好地建立和形成一个清晰的代表性技术或战术演示调度，提高教育的有效性，这是主观的乒乓球教学原则。

为了实现直观性原理，目前在乒乓球教学中促进运动员直观接受的教学方法有示范法、多媒体展示法、技术分析法和口诀法。在应用主观性原则时，应考虑以下几点。

（1）教师在教学过程中的示范动作必须标准化，特别是困难的动作必须重复几次以强调，只有这样，运动员才能够更清楚地明白动作要领。

（2）在教学过程中，教练的讲解必须清晰、明确，语言整洁，声音响亮，在关键点上改变语气或强调，以吸引运动员的注意力，促进他们对关键点的快速判断。

（3）教练必须及时指出运动员的技术和战术问题，并对这些问题进行直接的调整，而正确和错误运动之间的对比可以让运动员更直观地了解错误，教他们如何改正错误。

（4）教练必须选择在教学中使用的不同手段，在选择训练方法的时候，要根据教员的个人特质制定计划，并且必须选择与之特质相匹配的教学工具。

（二）启发性原则

教练在教学中要引导启发他们自觉地学习乒乓球知识和技术，为此就要充分调动运动员的学习思维，提高分析问题与解决问题的能力。

众所周知，为了达到最佳的成效，广泛的知识水平和学习意愿是至关重要的。因此教练必须帮助运动员培养学习能力，让他们对于知识有着好奇与渴望。在日常的课堂中传授基础知识和培养运动员积极的学习态度，使得他们有目标，有冲劲。在运动员有了对于学习的好奇之后，要给他们剖析其中的要害，使他们能够真正学习到知识。

（三）从实际出发的原则

每个运动员都有属于自己的特征和基本技能。为了确保每个人都能掌握更好的技能，教练应该根据运动员的特殊个性来决定教学的方法和内容。这就是乒乓球的实用原理，也是课堂上的基本要求。

（1）教练在组织教学活动前，首先要对运动员的基础水平、学习能力等有一个了解。

（2）在教学中，教练们利用这种特殊的要求与差别特质对运动员进行了区分，在教学时他们必须要考虑团队中大多数运动员的基础，也必须考虑到某些运动员的特征。教练必须注意集体和个人的平衡，而不是偏向任何一党，最重要的是不能只关注尖子队员而不关注团队整体能力的提升。

（3）在对现有场地或器材的安排与使用上，以期使教学活动能够顺利进行，场地或器材得到高效利用，这也是从实际出发原则的体现。

（四）循序渐进原则

理想的训练方式必须一直按照乒乓球接线员的规则进行，最终的目的就是让运动员的训练能够循序渐进，能够有层次有目的地学会技能。这种理想中的训练方式就是遵循了理想原则。

循序渐进原则的根本思路就是由浅入深、由低到高、由易到难、由简到繁、由分到合和由主及次等。教练员务必要将这种思路融入运动员的身体素质、技术能力、战术能力、心理素质、智能水平等方面，让所有与运动员能力提升训练相关的内容都可以被保障。除此之外，循序渐进原则还要体现在日常训练当中，因为每一个学生的体能状况都是不一样的，作为教师应该了解每一个学生的状况，对于体质较弱的学生，不能一上来就训练高强度动作，这样只会揠苗助长，失去了体育的锻炼功能。

必须注意的是，运动员技能的增长在所有领域都是非线性的，而是逐步的。在教育中，技术能力发展得更快，但是战术能力发展得很慢。鉴于这一特性，因此必须在日常教学中一方面确保按照教学制教学课程，另一方面也必须注意加强运动员技能方面的优先次序，让每个运动员都有战术意识，这样才能够在比赛成绩上得到有效的提升。

（五）精教乐学原则

教学的本质是在教学的过程中通过语言、组织课程、挑选内容等多方面，达到激发运动员对学习的兴趣这个目的。为了贯彻好精教乐学的原则，在教学中还应做好如下几点。

（1）教练员除了提高组织能力和督导教学，还得留意自己的言行。如果在教授课程的时候以身作则，但是在平时的生活中却对自己放松要求，这就可能损害教练在运动员面前的形象，还会让他们觉得教练反复无常。

（2）教练在课堂上扮演着极为重要的角色：他们必须先自我改进，扩大自己的理论知识，重点学习经验。一个好的教练能给一个运动员树立好榜样，帮助他朝着正确的方向前进。

（3）每一名运动员"乐学"的点都是有所不同，这是因为每名运动员的实际情况不同。教练员要保有高度的事业心和责任感，要善于观察和研究运动员，在遇到一些运动员的时候，可以合理地区别对待，单独制定教学方法和让他们更好融入教学的方式。对于能力稍弱的运动员要不断鼓励，使运动员能够感受到被关注，不能放弃和嘲讽，增加他们的失落感。

（六）理论与实际相结合的原则

乒乓球这项运动其实涉及了很多物理学科的知识，所以在乒乓球的教学当中，除了要在日常的实践当中让学生掌握技能技法之外，对于理论知识的学习也是必不可少的。理论知识和实践相结合有利于运动员更好的训练，所以教练员就要仔细研究教学内容及实践内容之间的联系，把经验教授给运动员，进一步奠定基础技能。最终以直观的方式展现出来，如此才是贯彻乒乓球教学中理论与实际相结合原则的正确方式。

二、高校乒乓球运动教学任务

在乒乓球的学习过程当中，高校希望学习能够达到的目标有以下这几条：

第一，使大学生在理解乒乓球基本理论知识、基本技战术及其他技能的基础上将这些知识与技能加以掌握。

第二，培养与提升大学生的健康理论素养，使大学生能够将所学知识与技能运用到日常锻炼实践中。

第三，使大学生掌握乒乓球健身锻炼方法与手段，掌握锻炼中常见伤病的处理方法，在对于体育锻炼有了基础知识的加持下，培养终身锻炼的意识。

第四，在乒乓球教学中融入思想品德教育，使大学生形成良好的集体主义观念，培养大学生的意志力与竞争力。

第五，培养大学生组织赛事的能力与参赛能力，促进大学生全面协调发展。

第二节　高校乒乓球课的教学方法与模式

一、高校乒乓球课的教学方法

（一）语言法

语言法是通过语言教授运动员理论或技能的一种方法。语言法是体育教学方法当中最重要的方法之一，对于乒乓球运动来说也是如此。在体育运动当中，运动过程涉及的技能诀窍是很关键的，除了需要教练亲身示范之外，还需要详细的讲解，让运动员摸透技能关键点。因此，教练必须进行展示，并且可以用语言描述出来。这种教学方法的好处在于，它可以通过教练向运动员传递信息，让他们思考运动方法，最终形成对技能的正确理解和尝试。此外，教学技术还可以提高教学气氛，鼓励运动员在教学中的活动，从而保证教学效果。

在乒乓球运动教学中，语言法运用的具体方式主要有讲解法、口令与指示法和口头评价法。

1. 讲解法

讲解法是在乒乓球教学方法当中最常用的一种方法，因为对于没有基础的学员来说，只有明白了乒乓球的基础知识，才能够继续往下学习；再者，讲解法也是其他教练方法的基础，无论是哪一个教学方法，都应该搭配着讲解法使用，不然教学就会变得不清晰、明了。此外，运用讲解法还应注意如下几点。

（1）讲解要抓住重点，简洁生动

教练员在讲解乒乓球运动理论知识和技战术技能的时候，基础知识固然很重要，但是其中很多的重点难点内容部分应该注意突出讲解。对于一些不易理解的内容，应该进行辅助理解，可以尝试引用运动员们经常见到的表象与技战术相联系。

如此不仅能让他们更快地理解教学内容，还能通过生动的讲解，引起他们的好奇心，从而提高他们的学习信心和激发他们学习的主观能动性。

（2）要有启发性地进行讲解

教练员的讲解除了要有直观性外，还要带有一定的启发性，就是对于一个动作要领的讲解不仅是停留在一个动作上面，而是触类旁通，如此才可以做到举一反三，大大提升教学效果。由此可见，教学讲解的启发性要求使讲解升华成了一种艺术。

（3）要明确讲解的目的

教练员的讲解务必要明确其目的，无论是在乒乓球教学中，还是在其他运动的教学中，明确目的都是最重要的一点。在这个基础上，再决定讲解的内容、方式、节奏等，如此可以做到有针对性地讲解，对于教学的重点与难点，也更加有把握，更能使运动员清楚所学的内容。

（4）讲解的内容要容易被运动员接受和吸收

在训练运动中，有很多更复杂的方法和战术很难理解。在这方面，教练员应注意"肢解"一些可能难以简化的复杂技术，也就是说，将难的动作化繁为简，逐个击破，以便运动员能够迅速理解技术和战术要求。但这需要教练自身有很高的理解能力，把动作技术吃透，只有这样，教练在解释内容时才会显得很容易，并确保内容不会与最初的含义分开。此外，解释的方法必须符合大多数运动员所能接受的范围。

（5）准确把握讲解的时机与效果

讲解时间在讲解是否取得了良好成果方面起到十分重要的作用。在这一点上，教练员必须要把握时机，一般来说，最好的讲解时机就是运动员在训练当中出现错误的时候，就立马给他讲解动作要领。时间的选择必须及时和准确，这样运动员才能清楚问题出在哪里。这样久而久之，运动员的犯错次数就会越来越少，从而技术水平就会越来越高

2. 口令与指示法

口令法和指示法都是教练员常用的方法，前者是当教练员明确讲解内容后，以命令的方式指导运动员学习运动技能的方法。后者则是组织指导运动员活动的方法。

这两种方法都要求教练能够清楚表达指示内容，让运动员根据教练所发出的指令训练，如果教练自己本身都没有表达清楚指示内容，那只会让运动员的训练难度直线上升。

3. 口头评价法

口头评价法是对运动员的技能学习情况以口头方式进行点评的方法，这种方法是以教学标准和运动实践效果为根据的。口头评价法的使用要秉承鼓励为主的原则进行，尽量不要使用贬低类的话语。最重要的是，在口头评价的最后，要给出结论，也就是运动员下一步应该努力的方向，这样才能使其保持动力。

（二）直观法

乒乓球的训练内容包含许多复杂的技术和战术动作，教学这些内容不仅要用正确的语言来表达，还要教练员使用更直接的亲身示范。这是一种最为简单的视觉教学方法。下列几种方法经常被用来实现教学中的直观传递。

1. 动作示范法

对于那些擅长运动的教练或运动员来说。展示的动作能够使运动员从视觉上获得运动的信息，在得到这些信息之后，能够了解动作的顺序、难易和细节。教练员在示范行动时，应特别注意精确、客观、目标性等要求，并且在示范的时候不仅仅只是做动作，还应该搭配上讲解，这样才能使教学发挥最大的效能。

2. 多媒体

现代多媒体技术已经在很多领域成功利用，并且在体育比赛（包括乒乓球比赛）中也被广泛应用，而且确实能提高教学效能。教学过程中广泛使用的多媒体设备主要提供了更多的视频现象技术，这样，运动员们就可以通过视频回放，掌握具体的细节和精准的动作，而现代的多媒体技术也可以辅助运动员慢放和回放。但是教练员在通过视频教学的时候，仍然要搭配教学讲解。

3. 助力与阻力

在使用助力的时候，必须要能支持运动员学习技术动作，使他能更容易地控制动作和力度。而阻力就是给运动员一个相反的力量，在其训练的时候增加难度，在有阻力的情况下训练，就能让训练有更大的效果。不管是助力还是阻力，目的都是通过感受身体的肌肉运动为身体提供一种体验，好让其知道动作的对错和发力，从而能很好地控制运动。

4. 定向与领先

在教学中使用的定向方法是一种直观的方式，给运动员关于运动方向、振幅、轨迹、力点等相对静态的具体视觉指示。而领先法则就是以相对动态的、超前的视觉信号，以一种直观的方式刺激运动员执行他们的动作。这两种教学方法的结合在教学中比较常见，结合之后效果更好、效率更高。这种方法的关键点就是在教学内容的指导下建立正确的视觉信号。

（三）完整与分解法

1. 完整法

在大多数技战术教学当中，完整法都是优先选择，它是对某一项动作的教学从开始到结束一贯完成的教学法。从具体使用情况来看主要有三种，一是针对那些环环相扣不易分解的动作，需要使用完整法；二是对过于简单的动作，也使用这个方法；三是对那些虽然复杂，但对于运动能储备较多、学习能力较强的运动员来说可以学会动作。完整法的运用有很大的灵活性，需要教练员根据动作适合度与运动员个人特质来决定是否使用。

（1）直接运用

只有那些简单动作可以直接运用，教练员首先进行讲解，然后示范，这就是直接运用的教学全过程，在教学完成之后，运动员便基本可以直接做出且质量尚可。

（2）强调重点

在比较复杂的动作教学当中，有一些细节内容比较容易被忽视，这个时候就需要教练员强调重点。每当乒乓球教师教授一个新的复杂动作的时候，学生需要完整看完之后的实践，教师通过学生的错误找到动作难点，再针对难点讲解，就可以事半功倍。

（3）改变练习的外部条件

有时一些较难的技术动作又带有完整性，需要完整演示才能得其法门，这个时候为了让运动员更容易地感受到的完整连贯，可以适当降低一些动作的难度来实现，如在打弧圈球的时候，为了使运动员更好地体会完整的动作，可以先从攻球的完整动作开始，然后再在动作中逐渐增加摩擦的成分，最终体会到弧圈球的完整动作。

2. 分解法

分解的方法是区分运动逻辑、阶段、特征、过程等技术行动，使用分解方法要注意以下几点。

（1）对于分解动作的拆分不能过于随意，要保持每个拆分动作之间的内在逻辑连续性，这样在教学每一个拆分动作的时候，才能为之后的完整教学做铺垫。

（2）分解运动的方法必须基于运动的性质。这里的运动特征可以是连续的，对于不同的动作部分，身体部位的空间位置和不同运动结构的磨合与统一，都是在分解的时候需要考虑的问题。

（3）在进行分解练习时就要考虑好每个环节的组合方式，还要理解被分解的部分在整体当中充当的功能，这些在分解的时候都考虑清楚，在分解教学的时候才能连贯轻松。

（4）分解的动作始终要建立在整体的基础上，教学也是要以整体为主。分解内容如果偏离整体，就会为后续的教学带来困难。

（四）联想法

联想法的运用效果与个人的知识储备、经验积累、观察力及想象力等因素有关。知识面越广，经验越丰富，观察力和想象力越强，就会有越多的灵感，该方法的运用效果也就越好。

例如，在乒乓球正手攻球技术教学中，大臂带动小臂摆到前额处，攻球手形的结束位置像"敬礼"一样。接近现实生活的联想容易使学生迅速理解动作要领。

（五）因果分析法

乒乓球教学中的因果分析法，就是通过揭示教学过程中客观存在的原因和结果之间相互制约的关系而进行的思维方法。

例如，当教师发现学生攻球力量不足时，会考虑是哪方面的原因造成的，如手形、腰部、动作协调性等。通过分析实际原因而有针对性地思考对策，然后将行之有效的教学方法确定下来，以改善不足和解决问题。

二、高校乒乓球课的教学模式

（一）运动技能传授模式

1. 模式概念

乒乓球运动的运动技能传授模式，需要乒乓球教师根据乒乓球运动的规则和规律，教授给学生相对应的技能。

2. 模式操作流程

在高校乒乓球教学中实施运动技能传授模式，操作程序和步骤如下：

（1）教学准备（教师提出教学任务）

（2）定向认知学习（教师讲解示范，明确做什么和怎么做）

（3）教师组织指导练习（分解练习、完整练习、巩固练习、应用练习）

（4）教学结束（教师对学习结果做总结评价）

3. 运动技能传授模式的新发展

体育技能作为一种教学模式在一定程度上发生了变化，并在原有模式的基础上，将"师生合作式""教师辅助式"等新的教学模式应用在教学中，来进行乒乓球教学，操作规程如下。

（1）师生合作式

①教师讲解并提出任务和若干方案；

②教师帮助学生选择学习方案；

③学生在教师指导下互帮互学；

④学生个人或小组练习、教师辅导；

⑤师生共同评价。

（2）教师辅助式

①教师提出目标和若干方案；

②教育自主选择设计学习方案；

③教师辅导学生自主练习；

④教师协助学生自我评价。

（二）发展学生主动性的教学模式

1. 模式概念

培养学生主动性的教学模式是指教师创造有利条件，使作为课堂主体的学生充分利用自己的自主性和能力，提高学习效率的教学模式。

2. 模式操作流程

在高校乒乓球教学中实施发展学生主动性的教学模式，具体流程如下。

（1）选择可供学生选择的教学内容，以及低难度、有教学基础的教学内容；

（2）自由组合成数个教学小组，由组内学生选择一部分教学内容，让某一学生承担教学任务，其他学生轮流承担；

（3）课外收集有关资料，备课，选择合适的教学方法、教学手段、组织形式；

（4）以小组为单位，由轮流的小老师进行上课，小组其他成员合作配合；

（5）教师巡回指导；

（6）小老师小结，小组其他学生提出意见，为下一个小老师提供基础；

（7）合班集合，教师总结。

（三）快乐教学模式

1. 模式概念

快乐教学模式，指的是乒乓球教师的教学模式中，利用学生兴趣来制定在基础教学当中适当而合理的教学方法，培养学生的体能和技能，让学生在他们的学习当中产生愉快的经验。

2. 模式操作流程

在高校乒乓球教学中实施快乐教学模式的具体流程和步骤如下。

（1）结合具体内容，进行低要求的游戏，享受乐趣；

（2）让学生挑战新技术（低难度教学活动）；

（3）学生结合教学活动，自定目标，以创造活动乐趣；

（4）竞赛、评比。

（四）启发式教学模式

1. 模式概念

启发式的教学模式指的是基于学生的积极性，鼓励学生独立思考和自主研究的方法，使学生能够从中获得相关知识，并得出相应的结论。这样的教学方式是以学生为主体，能使他们得到更好的学习。

2. 模式操作流程

将启发式教学模式运用到高校乒乓球教学中的具体操作方法如下。

（1）设置教学情境；

（2）综合教学情境提出问题；

（3）进行初步的尝试性练习；

（4）寻找问题的答案；

（5）进行正常的运动技术教学；

（6）结束单元教学。

（五）领会式教学模式

1. 模式概念

领会式教学模式指的是在场地设施条件准备充分的条件下，使学生学习与体会乒乓球技术，调动学生学习的积极性，提高学生的学习效果，为学生养成终身体育锻炼习惯奠定基础的教学模式。

2. 模式操作流程

将领会式教学模式运用到高校乒乓球教学中的具体实施步骤如图 2-2-1 所示。

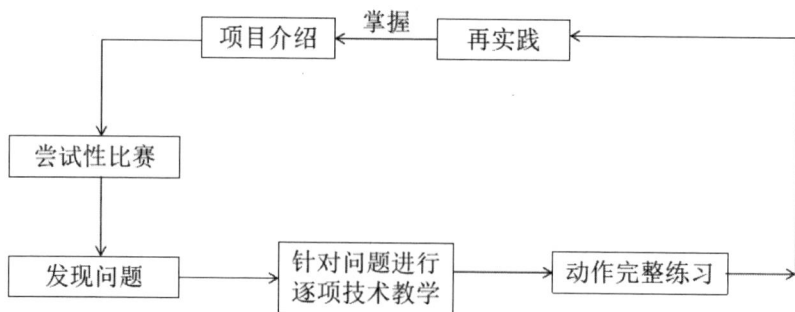

图 2-2-1　领会式教学模式示意图

（六）小群体教学模式

1. 模式概念

乒乓球教师在教学的时候，可以采用分组的形式，将学生分为几个小群体，在群体之间采用对抗合作的形式，让学生之间互相促进，共同进步，而教师就作为点播者，解决学生难以理解的难点。这样的教学方法促进了他们自主学习能力的培养。

2. 模式操作流程

在高校乒乓球教学中运用小群体教学模式的具体操作程序如下。

（1）确定单元教学目标及内容；

（2）课前测验；

（3）初步评价；

（4）确定分组方案与组数；

（5）分组练习；

（6）组间竞争；

（7）教师教学指导；

（8）课后测验；

（9）评价与反馈；

（10）单元学习总结与结束。

（七）"掌握学习"教学模式

1. 模式概念

乒乓球教师在课堂上给学生提供充足的学习时间，使学生自主掌握学习内容，这就是"掌握学习"教学模式的核心内容。

2. 模式操作流程

乒乓球教师应该对于自己的课程有合理的划分，目的在于让所有学生都能够在课程当中学到知识，并且在学到知识的同时掌握乒乓球的诀窍。在教学内容的每一次完成当中，都要及时为学生讲解错误，遇到学生不懂的问题也可以亲身示范动作。"掌握学习"教学模式的结构如图 2-2-2 所示。

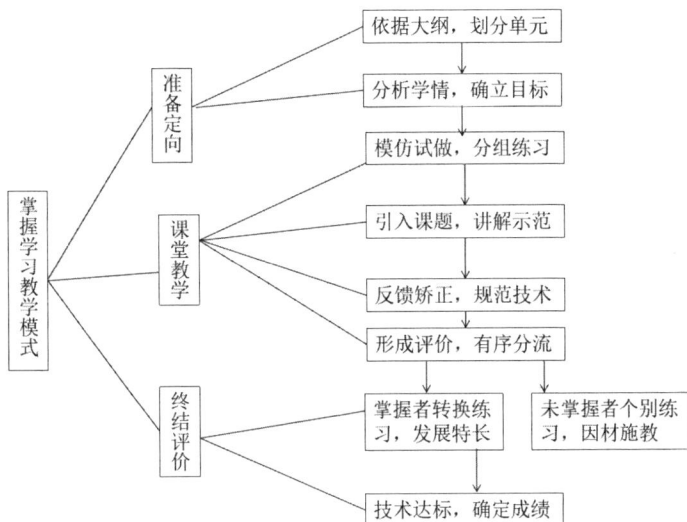

图 2-2-2 "掌握学习"教学模式示意图

（八）成功式教学模式

1. 模式概念

成功教学模式是指通过乒乓球教学成功的公式，引导学生自己制定学习目标和实现他们在乒乓球学习当中的理想，然后鼓励学生不断努力学习，使得学生的学习和练习顺利完成。这种模式是教师与学生增进信任，更高层次的教学模式。

2. 模式操作流程

成功式教学模式在培养学生自信方面具有重要作用，将其运用到高校乒乓球教学中，如图 2-2-3 所示，为成功式教学模式的教学程序。

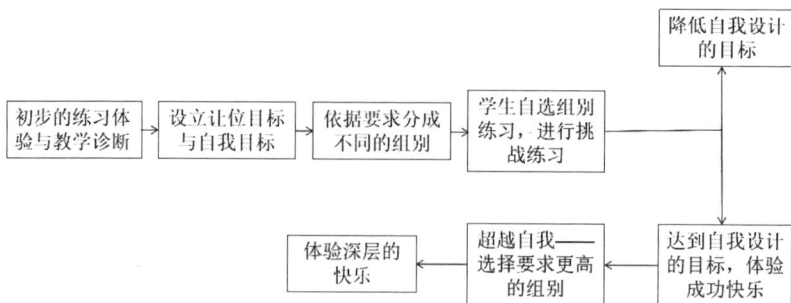

图 2-2-3　成功式教学模式示意图

（九）运动教育模式

1. 模式概念

运动教育模式是基于博弈理论学习、团队学习情境理论作为指导思想，教学老师的直接设计和组织领导下，让学生合作学习的教学模式。通过分成固定小组、角色扮演等组织形式，让学生在竞争当中保持更高的学习热情，从而获得更好的教学效果。运动教育模式的基本特征如图 2-2-4 所示。

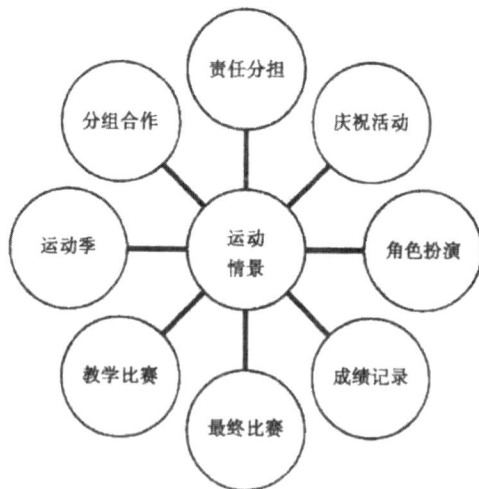

图 2-2-4　运动教育模式示意图

2. 模式操作流程

通过体育课运动教学模式，可以强调学生的主体地位，促进学生参与体育的意识，提高他们的学习的兴趣，端正他们的学习态度。在乒乓球场上，学生们的训练方式通常都是通过竞赛的方法，因为乒乓球运动的特点使然，除了有技术的成分，战术的优劣也是乒乓球运动的主要内容。在乒乓球教学中实施运动教育模式的具体流程如图 2-2-5 所示。

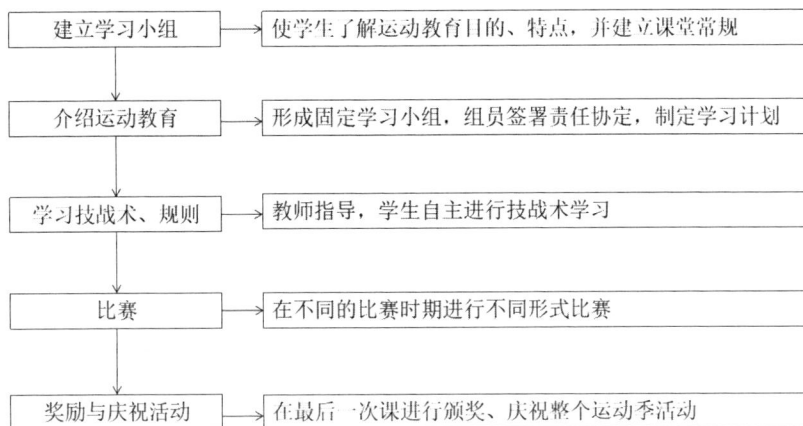

图 2-2-5　运动教育模式示意图

第三节　高校乒乓球课的考核与评价

一、乒乓球课的考核与评价理论

（一）乒乓球课的考核形式

乒乓球课的考核主要有以下几种常见形式。

1. 基础测验

基础测验是在学期教学开始时测试学生的身体素质与乒乓球运动基础，从而了解学生的个人情况，以便有针对性、目的性地展开教学工作。基础测验一般安排在学期的第一次课，测验结果不计入最后成绩，在期末考试后，对比两次测试的结果，评价学生的进步情况，看学生的身体素质与乒乓球技术是否有提高和改善。

学生的身体素质（力量、协调性、反应能力、速度等）和乒乓球运动能力（一两项基本技术）是基础测验的两个主要内容，通过这个测验，教师也能基本了解学生对乒乓球课的兴趣爱好和学习态度。

2. 平时检查

平时检查工作是在课堂上完成的，一般在一个技术动作教学结束后教师会组织随堂测验，看学生的掌握情况，目的是提高学生学习的主动性和自觉性。每次课堂验结果，教师都要一一记录，以便在期末考试后将此作为评定总成绩的参考。一般在每节技术课的结束部分组织随堂测试和检查，时间大约 5 分钟，不宜太长。

在平时检查中，教师要严格要求学生准确、规范地完成每个技术动作，培养学生严谨的学习态度和良好的学习习惯。一旦在技术评定中发现学生动作不规范、不准确，就要及时的指出来，并且告诉学生正确规范的动作要领，这样才能够更好地纠正学生的错误动作。

3. 定期考核

定期考核的内容以身体素质为主，最后期末总成绩中会将这部分成绩计入其中。教师要提前做好考核计划，将考试时间、内容和要求告知学生，以便让学生有时间做准备，这也是提高学生学习与锻炼积极性的一个重要方法。

4. 总成绩评定

总成绩评定是期末测试的综合评定方式，这次考核的内容比较全面，包括身体素质、理论和技术，每项考核内容占一定的比重，以技术考核为主。

（二）乒乓球课的考核要求

在乒乓球教学考核中，要根据不同的考核形式提出相应的考核要求，客观准确是所有考核方式的共同要求，在此基础上提出具体的要求，争取通过考核能够真实反映出学生的学习情况和进步情况，以便安排接下来的教学工作。

下面具体分析乒乓球课程教学考核的主要要求。

1. 量的要求

在乒乓球教学中，学生要通过不断的练习才能掌握乒乓球技术，也就是说学生的练习要达到一定的量，否则无法实现质的突破，无法将乒乓球技术掌握好。在乒乓球考核中，同样提出了对量的要求，这个考核指标在一些乒乓球技术的考核中非常重要。例如，在正手攻球技术的考核中，如果学生可以连续数次攻球，说明其熟练掌握了这项技术。

2. 技术评定

量的要求是判断学生对乒乓球技术的掌握是否熟练的重要指标，但通过该指标无法了解学生技术动作的规范性与动作的完成质量，此时就需要进行专门的技术评定来为学生的动作质量打分。

3. 经验评价

教学经验丰富的乒乓球教师也可以通过平时教学观察评价学生的学习态度、思想品质和技术掌握情况。经验评价一般只是作为辅助性评价手段运用到乒乓球考核中。

4. 做好组织工作

什么时候考核，考核哪些内容，要达到什么标准等关于考核的相关问题，教师要提前向学生告知，以激发学生积极主动学习，提高学习的目的性与学习效率。教师要统筹安排乒乓球考核工作，包括对考核内容、方法、组织方式的安排等，通过合理的安排，充分发挥考核的功能与作用，达到预期的目的。

5. 做好准备活动

在乒乓球考核中，教师要留出一定的时间让学生做准备，教师提醒学生应该做哪些准备活动，以营造适度紧张的氛围，调动学生的兴奋系统，使学生的身心尽快适应考试状态，为提高考核成功率而打好基础。

二、乒乓球专项技能考核与评价

乒乓球专项技能考评包括乒乓球专项身体素质考评和乒乓球技术考评。考核的标准应该按照国际惯例，准则也应该是一致的，采用定性和定量的方法评价学生技术水平的一种手段。通过技术评定和达标测试可以评价乒乓球课的教学效果。从而发现教学中存在的问题，及时改进，促进学生技术水平的提高。

下面具体分析乒乓球专项技能的考核方法与评分标准。

（一）专项身体素质

在乒乓球专项身体素质考核中，采用原地羽毛球掷远的方法来了解学生的挥臂速度。

1. 考核方法

学生在规定标志线后原地进行羽毛球掷远，掷3次，取最好一次掷远成绩。

2. 评价

原地羽毛球掷远测试要将男生和女生分开进行测试，评分标准如表2-3-1和表2-3-2所示。

表 2-3-1　男生专项身体素质考核评分标准

分值（单位：分）	掷远距离（单位：米）
5	10
4.5	9.5
4	9
3.5	8.5
3	8
2.5	7.8
2	7.6
1.5	7.4
1	7.2
0.5	7

表 2-3-2　女生专项身体素质考核评分标准

分值（单位：分）	掷远距离（单位：米）
5	9.2
4.5	8.7
4	8.2
3.5	7.7
3	7
2.5	7.2
2	7
1.5	6.8
1	6.6
0.5	6.2

（二）正手攻球

一般由教师为考生指定搭档（陪测人），注意搭档的水平要与考生水平基本接近，这是为了保证考试的公平。如果学生人数不够或实力悬殊，可在其他同年级的班级为考生选择其他水平相当的搭档。以下技术测验均是如此。

1. 考核方法

连续 1 分钟正手对攻斜线球，记录击球板数和失误次数，每失误一次扣 0.5 分。

2. 评价

（1）达标

每 4 板得 0.5 分，总分 8 分，每人打 2 次，取最好一次成绩，如果搭档失误，考生则计连续板数，评分标准如表 2-3-3 所示。

表 2-3-3　正手攻球达标测试评分表

分值（单位：分）	正手攻球（单位：板）
8	64
7.5	60
7	56
6.5	52
6	48
5.5	44
5	40
4.5	36
4	32
3.5	28
3	24
2.5	20
2	16
1.5	12
1.0	8
0.5	4

（2）技评

有 4 个等级标准，满分 2 分，如表 2-3-4 所示。

表 2-3-4　正手攻球技评标准

成绩	分值（单位：分）	表现
优秀	2	动作完整、协调，有很强的控球能力
良好	1.5	动作完整、比较协调，有较强的控制能力
及格	1	动作基本完整、协调控制球能力一般
不及格	<1	动作不完整、不协调，控制球能力差

（三）搓中侧身突击

1. 考核方法

学生之间互相比拼，以比赛的方式计分，考生侧身突击，对于球的旋转程度要达到达到中等，而球的高度也有适宜。

2. 评价

（1）达标

满分 8 分，考生突击 16 板球，记录成功板数，每板 0.5 分，如表 2-3-5 所示。

表 2-3-5 搓中侧身突击达标测试评分表

分值（单位：分）	搓球突击（单位：板）
8	16
7.5	15
7	14
6.5	13
6	12
5.5	11
5	10
4.5	9
4	8
3.5	7
3	6
2.5	5
2	4
1.5	3
1.0	2
0.5	1

（2）技评

有 4 个等级标准，满分 2 分，如表 2-3-6 所示。

表 2-3-6 搓中侧身突击技评标准

成绩	突击	侧身拉弧圈球
优秀	突击动作快，爆发力强，击球质量较高	动作协调，出手快，爆发力强，旋转质量高
良好	突击动作快，爆发力较强，击球质量较高	动作协调，出手较快，爆发力较强，旋转质量较高
及格	动作速度较快，爆发力、击球质量一般	动作基本协调，出手速度、爆发力，旋转质量一般
不及格	突击动作慢，爆发力、击球质量较差	动作不协调，出手慢，爆发力旋转质量差

（四）综合技术

按考生个人打法类型，自选一项。

1. 正反手攻球

（1）考核方法

搭档一点推两点，把球送到考生 2/3 台范围内，考生连续正、反手攻球，两点打对方反手位一点，时间 1 分钟，记录击球组数。考生若出现失误，可重新开始，取最佳一次成绩。如果搭档失误，则记录考生的连续板数。

（2）评价

①达标

共 8 分，考生正、反手各攻一板为一组，每两组得 0.5 分，记录击球组数，评分如表 2-3-7 所示。

表 2-3-7 正反手攻球达标测试评分表

分值（单位：分）	搓球突击（单位：板）
8	32
7.5	30
7	28
6.5	26
6	24
5.5	22
5	20
4.5	18
4	16
3.5	14
3	12
2.5	10
2	8
1.5	6
1.0	4
0.5	2

②技评

有 4 个等级标准，满分 2 分，如表 2-3-8 所示。

表 2-3-8 左推右攻技评标准

成绩	分值（单位：分）	表现
优秀	2	正反手动作结合自如，步法移动迅速、准确
良好	1.5	正反手动作结合比较自如，步法移动比较迅速、准确
及格	1	正、反手动作结合基本自如，步法移动基本迅速、准确
不及格	<1	正、反手动作结合不自如，步法移动不迅速、不准确

2. 正、反手削球

（1）考核方法

搭档一点拉两点，把球送到考生 2/3 台范围内，考生连续正反手削球，两点削一点。

考生若出现失误，可重新开始，取最佳一次成绩。如果搭档失误，则记录考生的连续板数。

（2）评价

①达标

共8分，正、反手各削一板为一组，每组0.5分，记录击球组数。评分表如表2-3-9所示。

表2-3-9　正、反手削球达标测试评分表

分值（单位：分）	正反手削球（单位：板）
8	16
7.5	15
7	14
6.5	13
6	12
5.5	11
5	10
4.5	9
4	8
3.5	7
3	6
2.5	5
2	4
1.5	3
1.0	2
0.5	1

②技评

有4个等级标准，满分2分，评分标准同正反手攻球。

3. 左推右攻

（1）考核方法

搭档一点推两点，将球送到考生2/3台范围内，考生连续左推右攻；两点打反手位一点，1分钟时间，记录击球组数。考生若出现失误，可重新开始，取最佳一次成绩。如果搭档失误，则记录考生的连续板数。

（2）评价

①达标

共8分。考生左推右攻两板球为一组，每两组得0.5分，记录击球组数。评分如表2-3-10所示。

表 2-3-10　所示左推右攻达标测试评分表

分值（单位：分）	左推右攻（单位：组）
8	32
7.5	30
7	28
6.5	26
6	24
5.5	22
5	20
4.5	18
4	16
3.5	14
3	12
2.5	10
2	8
1.5	6
1.0	4
0.5	2

②技评

有 4 个等级标准，满分 2 分，评分标准同正反手攻球。

4.连续拉弧圈球

（1）测验方法

搭档把球送到考生左或右 1/2 台内，考生在移动中连续拉弧圈球。

考生若出现失误，可重新开始，取最佳一次成绩。如果搭档失误，则记录考生的连续板数。

（2）评分标准

①达标

满分 8 分，每两板 0.5 分，记录拉球板数，评分如表 2-3-11 所示。

表 2-3-11　连续拉弧圈球达标测试评分表

分值（单位：分）	连续拉弧圈球（单位：板）
8	32
7.5	30
7	28
6.5	26
6	24
5.5	22
5	20
4.5	18
4	16

分值（单位：分）	连续拉弧圈球（单位：板）
3.5	14
3	12
2.5	10
2	8
1.5	6
1.0	4
0.5	2

②技评

有4个等级标准，满分2分，评分标准如表2-3-12所示。

表2-3-12　连续拉弧圈球技评标准

成绩	分值（单位：分）	表现
优秀	2	动作协调，步法移动迅速、准确
良好	1.5	动作协调，步法移动比较迅速、准确
及格	1	动作基本协调，步法移动基本迅速、准确
不及格	<1	动作不协调，步法移动不迅速也不准确

（五）实战测验

1. 考核方法

按照学生的人数，教师设置车轮战或是循环赛，根据综合得分，教师给每个学生评价，从而了解每个学生的情况。

2. 评价

以技评为主，满分5分，分4个等级，评分标准如表2-3-13。

表2-3-13　乒乓球实战测验技评标准

成绩	分值（单位：分）	表现
优秀	5	个人打法风格突出，技术全面，实战能力强
良好	4.5	个人打法风格比较突出，技术比较全面，实战能力较强
及格	4	个人打法有一定风格，技术基本全面，实战能力一般
不及格	<3	个人打法没有明显风格，技术不全面，实战能力弱

最后在乒乓球测试成绩登记表中登记各项考核成绩。

第三章　高校乒乓球运动教学改革创新研究

本章主要内容为高校乒乓球运动教学改革创新研究，分为三个小节，第一节分析了高校乒乓球运动的教学现状，第二节论述了高校乒乓球课程思政建设路径，第三节提出了"教会、勤练、常赛"的实践路径。

第一节　高校乒乓球运动教学现状分析

一、教学理念落后

对于高校体育教育，我们国家的号召是将积极参加体育锻炼作为学生参加体育运动的目标。对于这个号召，国内的高等院校都积极响应，而高校乒乓球教学也应该秉承这个理念，以鼓励大学生多锻炼为主，以学生为教学中心，有效提高高校的体育教学水平。虽然大部分高校能够响应国家号召，但是由于我国多年的教育国情，高校乒乓球教育仍然是以考试为主体，学生们为了应付考试而练习乒乓球，这就使得他们对于乒乓球运动学习的兴趣大大下降。

二、教学模式单一，方法手段单调

在多年教育的体制下，一直延续体育课堂四段式的教学程序，以教师为中心将课堂分为开始部分、准备部分、基本部分、结束部分。教学基本程序固定不变，分为三段式教学程序，即开始与准备部分、基本部分、结束部分。一些重点大学运动技术教学中，教师按照多年来遵循的"一刀切"教学法，忽视了学生的个人兴趣的培养，这也将限制学生的发展。在这样的教学模式当中，忽视了学生在教学当中的重要作用，过分强调教师的领导作用，导致乒乓球教学的模式化。教学方法僵化，使得学生对课堂不感兴趣，这不利于教师的教学。现如今的现代化技术日新月异，许多科技都可以运用在教学上面，但是部分教师受自身水平和教学硬件条件所限，尽管有运用现代教育技术手段的愿望，但结果确是较少使用现代教育技术，这对于培养学生的学习兴趣和学习主动性有着很大的影响。学生的学习热情是教学当中的关键，老旧的教学方法使得学生学习的热情被无情浇灭，导致其在课堂上学习困难，严重影响了课堂教学质量。

如果教师不能对教学方法进行科学的选择和合理的使用，就会在教学过程中消耗过多精力，而且教学效果也不会很好，还会给学生带来不好的影响。所以，高校乒乓球教师应该正确理解不同教学方法的含义，科学选择和运用恰当的教学方法，并根据学生的情况和教学的需要创造新的教学方法，从而提高教学效率，达到事半功倍的效果。

三、教学内容缺乏针对性

由于高校招生面向全国各个省市，学生来自完全不一样的地方，受到学校体育环境、家庭条件、高考考试制度、基本运动天赋和身体素质的影响，乒乓球的水平也是一样的。此外，在课堂教学中，学生的个性差异客观的存在，这一点必须得到承认，有智力的、意志的、情感的性格因素，也有在运动天赋、身高、体重等方面的身体因素。总之，学生的个性特征是非常多样化的。

在高校的乒乓球课程中，大多数大学教师只是安排教学内容及进展，但是却忽视了运动项目的数量和强度合理性，要明白锻炼才是高校体育课的最终目的，教师安排课程内容的不合理，导致了一些学生不能吃饱，一些学生不能消化的状况，从而影响了体育教学效果。

四、教学评价单一

教学评价俗称教学考核，目前大多数高校将乒乓球课程考核标准单向的指向技术评定，技术评定成为乒乓球教学质量水平进行衡量的主要标准，在一定程度上是不够科学的。定量考核的指标过多，导致技术评定占据了教学评价的主要部分，忽视了学生个体素质的培养。学生们也开始不那么重视乒乓球的基本练习，这违背了乒乓球教学的初衷。这种以技术评定为标准的教学评估，使得乒乓球教学过于注重学习结果，而忽视了学习过程。因此，很多学生由于自身缺乏乒乓球基础，很难通过期末考试。这种只注重教学效果的教学方式，会影响学生的积极性，使大学推广乒乓球的目标更难实现。

五、部分教师课程设置不科学

在一些高校当中，体育的概念和教学水平或多或少是有限制的。一般的高等院校对于学术水平的要求比较严格，而对于体育方面的教学似乎就差一些，学生对于体育教学态度敷衍，学习的目的只是为了应付考试，频繁请假缺席。一些乒乓球教师受到传统教学理念的影响，对学生要求较少，不愿在乒乓球教学上花费太多精力，缺乏教学研究，不太倾向于提高自己的专业技能。因为这样观念的影响，许多乒乓球教师的课程设置十分不合理，从而更降低学生的学习效率。

此外，部分大学生不满意学校安排的乒乓球课时，认为课时数少，学不到太多东西，他们对增加教学时数有较高的需求，希望通过此来学习更多的乒乓球知识与技能，有更多的机会参与该项运动锻炼。高校安排的乒乓球课时数如果只满足了少数学生的需求，或者说只令少数学生满足，那么这对高校乒乓球教学的发展是不利的。虽然不同学生的需求不同，要让所有学生都满意有很大难度，但至少要令大部分学生满意，而目前很少有高校可以做到这一点。

六、运动场馆的问题

（一）体育场馆资源缺乏

在现代社会中，经济问题已经成为很多行业面临的主要问题，体育发展也不例外，体育场馆的条件是影响高校乒乓球教学的一个主要原因。结构调整从根本上破坏了大学体育的经济发展，但国家对大学的投资不足，用于建设和维护体育设备的资金与大部分发达国家相比仍然较低。高校体育资源缺乏的原因首先是无足够资金来建设体育设施，大学拥有的设施不足以提供给所有需要锻炼的大学生，而且装备老旧，没有固定的一笔维护资金可以使用，学生对于体育设施的需求与现有体育设施数量不匹配。学生的体育热情可能就会因此打消，锻炼的次数和时间也会大大下降。第二，受高等教育机会的增加，导致大学生数量激增而教学课程资源不足，从而进一步限制了大学生的体育锻炼。要想解决这个问题，恐怕也不是光靠现有学校资源就能够解决的。而且高校体育场馆功能上单一利用，无法提高使用率，场地上规格低、重复建设、规模小、设施单一、附属设施不健全，更是无法满足广大师生的锻炼要求，这一些问题都亟须解决。

（二）体育场馆保养与维护问题

体育场馆的使用效率通过有效的管理能够得到提高。促进和保证高校体育场馆可持续发展是一项艰巨任务。完成这项任务，要加强对体育运动场馆的科学管理，管理水平对体育场馆的服务质量、使用寿命有直接的影响。

体育场馆管理主要包括检查器材、监督和指导使用者、场馆维修等。当前，很多高校都只是让临时工来维护和保养体育场馆，他们的体育知识较为缺乏，所以不懂得如何科学维护与保养体育场馆，因而造成场馆维护不当，缩短了包括乒乒球馆等体育场馆的使用寿命。所以，高校应将体育场馆的保护充分重视起来，延长场馆的使用时间和使用寿命，可以从场馆管理入手，招聘专业管理人员，科学保养和维护体育场馆，这样才能使体育馆的使用年限增高，使用频率变大。

第二节　高校乒乓球课程思政建设路径

一、"课程思政"的内涵阐释

思想上的意识形态教育是一次规划和组织的教育，通过某些概念、政策和道德规范，针对人们的思维和行为进行特定规范、约束和指导，经过教育之后，使人们符合社会的需求。从本质上讲，课程思政是我国传统文化中注重人伦与教化的时代回归，同时也是我国人文主义传统得以创新发展的成果。课程思政并不是学校简单地开展一门课程或者一些活动，而是基于"三全育人"这一要求，对各类课程中富有思想政治教育功能的教育元素进行充分挖掘，并将其与学科理论知识教学、技能实践教学进行有机结合，在各个科目中纳入心理和政治教育，以实现逐步培养学生正确的人生观、价值观和世界观的目标，以及提高学生的长远整体认识。事实上，以前的思政教育大多是走形式主义，而现如今的思政教育更加注重效果，主要目的是让被教育对象得到思想上的灌溉，达到"润物细无声"的效果。

二、高校乒乓球课程思政的要求

（一）充分尊重课程本身的建设规律

教师在开展任何一门课程教学活动的过程中，都应该充分尊重其建设规律。同样的，体育教师在实施乒乓球课程思政的过程中，也需要尊重乒乓球课程思政的建设规律。这就需要教师在具体的教学实际中遵循循序渐进的原则。

首先，教师可以先教授学生乒乓球运动的基本技术动作，例如，可以先向学生讲授握拍技术、准备姿势、基本的发球技术等，然后再向学生介绍乒乓球运动规则、裁判规则、注意事项等，最后可以再教授学生乒乓球战术要点、战术运用等。需要强调的是，体育教师应该充分认识到，在不同的教学阶段有着不同的思政元素，并对其进行区别对待。

（二）正确定位乒乓球课程思政实施目标

高校教育的主要目标在于培养出德智体美劳全面发展的综合型人才，作为高校教育中的一个重要组成部分，高校体育乒乓球课程也是为这一教育目标而服务的。高校与体育教师应该对乒乓球课程思政的实施目标进行正确定位，充分挖掘乒乓球课程所蕴含的思政元素，使学生在学习乒乓球课程的过程中，学会如何战胜困难、如何与人交往，培养学生团结合作、拼搏进取、自觉遵守规则、吃苦耐劳等体育精神，将学生培养成能够很好地适应社会发展需求的专业人才。

（三）正确把握乒乓球课程思政的实践痛点

在我国高校乒乓球课程思政中，其所面临的主要任务在于向学生传授乒乓球运动理论知识、培养乒乓球运动技能、发挥乒乓球运动对学生的价值引领作用。然而，目前我国普通高校在实施乒乓球课程思政的过程中，仍然难以实现这三方面任务的同步完成，这也是我国大学乒乓球课程思政的实践痛点。

三、高校乒乓球课程思政的必要性

（一）贯彻国家教育方针的需要

教师在乒乓球课程教学中对于学生的教育没有主次之分，既要传授大学生乒乓球的基本知识和基本技能，同样也肩负着立德树人的光荣使命。在乒乓球教学的过程当中，应该将学生的三观教育放在重要位置，培养他们的意志力，锻炼他们的耐力。乒乓球课程是高校课程体系中的重要组成部分，乒乓球教师要以身作则，教育好学生，这样才能够真正实现立德树人的远大目标。

（二）全面素质教育的必然要求

素质教育是教育的一种概念，它倡导全面发展和改善人类的基本素质，形成健康的个性。由于年龄和社会经验的缺乏，学生尚未形成稳定、正确的世界观，对生活、世界的看法还不完善，而各种社会流动、一些消极思想或带有偏见的言论可能会对学生产生影响。因此，学生在接受体育教学的时候，课程的意识形态和内含的政治教育是必不可少的，这是学生身体、心理和意识形态品质全面发展的先决条件。例如，在打乒乓球的过程中，学生需要学习乒乓球的基本技能，也要让大学生的意志品质得到锻炼，这样才能符合现代教育的素质化要求，给学生提供了物质资源和精神资源。与此同时，激发学生对学习的热情，学生有了热情才会积极地参与，进而接受教师情感和知识的教学，实现教育和德育目标。

（三）实现课程目标的必然要求

乒乓球课程在大学体育教学当中占重要位置，在教学的过程当中，教师不应该只着手于学生基本技能的训练，还应该注意学生的心理问题，其中培养学生保持积极乐观的生活态度、培养学生调节心理状态的能力和顽强拼搏的意志品质等方面，都应该成为教师在体育教学中的心理健康目标。除了加强对学生心理健康的干预之外，还应该在体育教学当中培养学生适应社会的能力。在乒乓球的教学过程当中，通常会采用小组合作，小组之间竞赛的方法，这样的合作形式有利于学生之间的沟通交际，通过与他人的相处，增强学生的社交能力以及社交事件的处理经验。可以看出在乒乓球课程教学中融入课程思政，正是完成乒乓球课程目标的根本要求。

四、乒乓球课程思政元素挖掘

（一）领会体育精神，学习优秀品质

2020 东京奥运会，国乒取得了男女团、男女单打四项冠军的好成绩，但是当时的国乒正处于逆风局势，在混双失利的情况下，顶着巨大的压力，因为运动员们咬紧牙关，顶住压力的坚持，最终力挽狂澜，获得傲人成绩。从这个例子当中我们可以看出，乒乓球运动当中所蕴含的运动精神是值得我们学习的，而且乒乓球运动本身也充满魅力。乒乓球在国际和国内的热度从未下降过，在乒乓球这项体育运动当中，充分体现出顽强拼搏、坚韧不拔、敢打敢拼的优秀体育精神，上至奥运健儿赛场争霸，下至学生日常体育训练，这些都是高质量的思政素材，需要当代大学生去切实领会、感悟和学习吸收。

（二）把握团队合作，树立正确价值观

在我们的生活当中，处处都离不开与人合作。体育运动当中的团队合作更是十分重要，无论是哪一个环节，都需要合作精神。在大学生的体育教学当中，教师应该向他们灌输合作的重要性，在训练当中让他们体会到合作的必要性。只有这样，才能够帮助他们树立正确价值观。

（三）弘扬传统文化，传承"国球"精神

乒乓球在我国的发展历史虽然没有西方国家长，但是现如今，乒乓球已经成为我们的"国球"，这一称号来自于我们中国乒乓球运动员取得的傲人成绩，多年前的"乒乓球外交"至今还是一段令人称道的历史。竞技运动是残酷的，但是通过在教学中渗透民族精神和乒乓文化，在良好的竞争环境下，体现的不再是输赢，

而是民族荣誉感、艰苦奋斗精神和爱国主义精神的熠熠生辉。但这些优秀品质和文化需要学生不断传承、内化和发扬，只有在教学中不断体现民族精神，才能让学生深切感悟乒乓球课程的思想精髓。

五、高校乒乓球课程思政的现状

（一）思政素材挖掘不够完善

现如今的乒乓球的教学中，比较重视学生们是否能够掌握乒乓球技能，而在课堂上，也是单纯的展示打球方法，对于乒乓球运动当中所蕴含的运动精神却鲜少提及。运动精神不仅仅是我们所理解的勤奋和毅力，还包括许多精神方面的积极特质，如奉献精神、团队合作精神、坚定不移的精神和不屈不挠的毅力。这些精神特质都是非常宝贵的财富，值得让今天的学生深刻地理解和学习。

（二）乒乓球课程思政教学模式相对单一

在传统的乒乓球课程中，教师授课的过程一般只是负责解释和练习，学生们只是负责聆听、模仿、训练。即使课程上有思政内容，因为学生缺乏真实的体验，他们对于教师所说的思政精神无法透彻理解，只是知其然不知其所以然，而这显然是不管用的。体育教育是一种开放的、相互作用的教育，多种多样的教学模式可以为学生们带来经验。

（三）师资队伍能力有待加强

体育教师通常毕业于体育院校，在文化知识方面可能会略微逊色一些，对于学生的思政教育可能也没有主观上的责任意识，但是现如今体育课融合课程思政是教学研究热点之一，体育教师也应该与时俱进，把思政课程与自己的专业课程融合，把自身素养提高，树立思政教学的责任意识，将立德树人的教育思想深深镌刻在心中，这样才能够跟上时代的潮流，把最新的教育思想融合在日常的教学当中。

六、高校乒乓球课程思政的实施路径

（一）树立"三全育人"理念

立德树人是乒乓球课程思政的根本任务，把培育和践行社会主义核心价值观作为目标，充分发挥乒乓球课程教学的德育功能与价值引领功能，将学生的教育工作做好，使他们能够全面发展，从而实现高校立德树人的目标。

1. 树立"全员育人"思想

（1）教师育人。这指的是教师要加强班级的安排，创造和谐的教学环境，保证每位学生都不会被抛弃，一个好老师自身的道德一定是很高的，会给他的学生留下令人难忘的精神教育。

（2）人人育人。指教学过程中，除了老师对于学生的影响之外，学生之间的相互影响也应该是积极的。俗话说"近朱者赤近墨者黑"每个人其实都可以给身边的人带去影响，这影响是好还是坏，就看我们怎么选择。

（3）组织育人，指通过班级组织营造良好的学风影响学生。组织是一个完整的个体，在课堂当中，这个完整的个体就是由教师和学生共同组成。在组织当中，每个人都是其中的一份子，只有大家共同努力，才能营造良好的氛围，个人在良好的氛围当中，才可以得到提升。

2. 从"全方位育人"设计教学

（1）教师课程的设计应符合主流意识形态、新时代人才培养的要求、乒乓球课程的特点、学生的需要。还要确定乒乓球课程的教学目标，以价值观的形成、知识的传播和技能的形成为教学指导。在专业知识的学习过程中，根据专业知识结构和学生成长的规律，选择教学内容，探索教学内容中所包含的政治思维要素。根据运动技能训练规律，选择教学活动的方式，制定教学日程，撰写教案等教学文案。课程实施的原则是提高课程的有效性和课程方法的有效性，以按照教学计划推进教学。

（2）学生的整体发展必须以学生"发展"的认知视角为基础。在认知层面，包括人生价值观念、大学学习目标、乒乓球课程价值认同、乒乓球课程训练目标；在价值观层面的形成，包括体育精神、体育道德、爱国主义、集体主义、民族主义等；在发展专业技能方面，包括健康的生活方式、健康促进、技能水平、竞争能力等。

3. 从"全程育人"把控各个环节

乒乓球课程的全部学习，是老师对学生从第一堂乒乓球课的指导作为开始，到最后一堂乒乓球课的指导的总结复习结束。为了评价教师的教学效果，应当结合教学中对教师所要求的教学目标、教学成果的实现，学生对自己学习过程的满意度的评价。整个过程必须使教师"教"和学生"学"相适应。有利于教师提高教学效率和思维效率的后续，控制每一个"细节"，通过课程教育渠道和学生自主发展渠道，实现渠道整合，提高教育效率。

（二）开发乒乓球课程思政的内容体系

1. 发掘与整理，形成乒乓球课程思政教育知识体系

构建乒乓球课程知识体系，需发掘思政元素的相关知识内容，整理原有的乒乓球课程相关知识，对相关的知识点进行总结提炼与分类归纳，从具体到抽象，自下而上构建起乒乓球课程思政知识体系，有利于后续内容知识的抽象到具体，能够有效促进乒乓球课程内容和思政教学内容有机结合。

首先，充分发掘乒乓球专业课程中蕴含的思想政治教育元素，形成乒乓球课程的思想政治教学体系框架。

其次，梳理思政教育内容知识与乒乓球专业知识形成乒乓球课程的思政教育知识内容体系。通过思政学科专家与乒乓球专业学科的专家合作，结合《高等学校课程思政建设指导纲要》内涵和要求，根据原有的乒乓球课程知识逻辑，通过初步整理，进一步形成具体的乒乓球课程思政内容体系。在进行知识体系的整理过程中，对乒乓球课程内容体系和思政课程内容进行有机融合，对原有课程的内容进行有机的调整。

第三，对乒乓球课程与思政内容知识体系进行深入梳理，形成完整、具体可实施的乒乓球课程思政内容知识体系。应对乒乓球运动中所包含的思想政治元素进行进一步的梳理和分析，形成乒乓球课程思政内容体系框架，对乒乓球课程思政内容进行具体的分析，确立出乒乓球课程与思政课程相互融合的教学重点。进行乒乓球课程思政内容梳理时，应科学确立乒乓球课程的思政教育内容框架、系统梳理思政教育内容、建立起具有乒乓球课程专业特点的思政课程知识体系。

2. 改进与完善，进一步优化乒乓球课程思政具体内容

确立起乒乓球思政教学内容知识体系后，应当注重改进、完善与进一步优化乒乓球课程思政内容，这是从抽象到具体的过程，对乒乓球课程思政教学内容进行二次开发，在优化课程内容的过程中首先要对建立的乒乓球课程思政内容知识框架进行进一步的优化，结合乒乓球课程思政内容知识体系，对内容体系进行深入与细化，与具体的教学目标相对应，进行内容体系的二次开发，进一步深入乒乓球课程内容知识体系，需要对乒乓球教学内容与思政教学内容相结合的教学目标进行细化，确定好具体的层次、维度与重点，建立起以思政内容为导向，乒乓球课程内容为载体的教学课程。

其次，改进与完善乒乓球课程思政教育知识内容体系。通过进行二次梳理，进一步结合乒乓球课程教学内容的特点以及开展状况，形成具有乒乓球课程专业特点的思政课程知识体系。

最后，对乒乓球课程内容与思政教学内容知识点进行合理的布局，依据乒乓球课程的内部逻辑，合理分配思政教学内容，建立起具有思政特色的乒乓球课程内容知识体系，为后续教案的设计提供理论依据。

3. 乒乓球课程与思政教育内容有机融合

乒乓球课程思政具体内容的设置，对一节乒乓球课程而言，是有些困难的。但是对于学生来说，单次乒乓球课程的思政内容却是十分重要的。在进行单次乒乓球课程思政内容时应注意以下几点：

首先，需根据已有乒乓球课程思政知识体系对教学内容框架体系进一步梳理。结合学生情况、教师情况以及学校开展现状，对已有的教学内容框架体系进行细致的梳理，保留符合实际情况的教学内容，删除一部分不合理的教学内容，继续补充一些富含思政元素的新的内容体系，全方面培养学生的精神品质、身心健康、运动技能和社会适应能力。其次，处理好具体乒乓球课程知识点与具体思政内容知识的有机融合，如，在进行排球课程内容时可以通过乒乓球运动员故事的讲述，培养学生敢于拼搏，不怕困难的精神品质，通过对中国乒乓球夺冠经历的讲述，增强学生的爱国主义情怀，通过对人物、故事、问题等切入方式使得乒乓球课程与思政内容有机融合。最后，基于乒乓球课程原有的内在逻辑，将思政教育内容具体呈现于教案之中，真正将课程思政内容落实到每一堂乒乓球课中。由此，推进每节乒乓球与思政教育内容的有机融合。

（三）重建课程教学体系

在开展乒乓球课程实战教学的过程中，教师应该先向学生讲解乒乓球运动的规则要求、裁判方法等，然后再组织学生开展单打训练与双打训练，可以利用混合式教学与翻转课堂教学模式进行教学，使学生提前收集并观看不同的视频素材，通过对视频素材的收集与观看，来挖掘并学习其中的思想政治教育元素。例如，给学生播放在各个比赛当中，运动员的犯规动作，可以加强他们的规则意识；让学生搜集并观看运动员在比赛中反败为胜的视频，以培养学生坚忍顽强、乐观进取、永不言弃的精神；让学生观看国内奥运健儿获奖的比赛，能够帮助他们树立远大的目标，培养他们进取拼搏的观念；让学生搜集并观看赛事结束之后运动员向对手、裁判、观众示意的视频，以培养学生文明礼仪方面的知识；让学生搜集并观看比赛中队员通过互相帮助、密切配合取得良好成绩的视频，以培养学生团结协作的精神。

（四）改革教学方法

学生在乒乓球创新教学方法当中学习思想政治教育内容，有利于他们在全面发展基本技能的同时，获得思想方面的教育。这样的教学安排也可以强化学生的参与，在参与的过程当中向学生灌输思想教育，遵守比赛的相关规则，建立道德常识。教师也要加强与学生的沟通与交流，确保学生在比赛中能够了解体育规则和相关的道德规范，让思政教育有效地融入体育教育。

（五）加强教师课程思政意识和能力

乒乓球教师在大学生的乒乓球教育当中占据着举足轻重的地位，因此，乒乓球教师个人的思政意识培养也是必不可少的，乒乓球教师自身的课程思政意识观念得到加强，才能在日后的教学当中帮助学生。所以，高校对于乒乓球教师的培训是必不可少的，在教师职业培训系统中纳入德育意识培养的内容，让教师在教学的过程当中学会自主思考，将专业知识与课程思政相结合，这样才能在日后的教学当中，帮助学生系统化学习社会主义核心价值观的机制建设，才能不断提高学生思想站位。教师对于自身的内省也是非常需要的，只有不断审视自己的教学，才能在问题当中找到答案，进而改正问题。高校也可以组织教师去其他高校思政教育开展得比较好的乒乓球课程观摩学习，通过成功例子，切实提高乒乓球教师的课程思政能力。

（六）完善乒乓球课程思政教学评价

课堂教学评价主要目的是正确地评价和"诊断"课堂教学，这既是对教师教学效果的评价，也是对学生学习效果的评价。通过对课堂信息的收集与分析，找到教师的教学薄弱点，引导教师自觉进行教学反思，促使学生不断进取，从而促进师生共同进步，提高教学质量。乒乓球课程评价是学校对乒乓球工作进行科学管理的重要内容和环节，通过这个环节，提高教学质量，指导和推动教学过程，而科学的评价则是实现教学目标的重要保证。

1. 乒乓球课程思政学习效果的评价

乒乓球课程思政教学评价，应从乒乓球健康知识、运动技能、身体素质、情感态度以及价值观等多个方面进行全方位的评价，对学生一堂课的学习效果进行综合的反馈，及时反映学生在学习过程中的发展情况，为后续教学的优化提供客观依据。

第一，处理好传统的教学评价与思政教育评价的关系。传统乒乓球教学评价主要是围绕着学生运动认知、运动技能的掌握以及情感的培养，已经有了较为成熟的教学评价体系，因此，在进行乒乓球课程思政评价时应当沿用传统的乒乓球课程评价体系，但并不是完全独立思政教育评价，应使两者有机结合、相互促进、相辅相成。其次，对学生运用思想知识能力的评价。在乒乓球课程中应注重评价学生对思政知识运用能力，如，在双打比赛中，学生运用自我暗示和同伴之间相互提醒的方式来促进队伍的团结协作。第三，注重对生学生价值观、态度和情感方面改变的评价。在乒乓球课后，应及时对学生课上的学校效果进行反馈，课后可以采用课后作业的形式去了解学生在课堂上的学习状况，如，在进行比赛中，队员和队员之间最重要的是什么，体现出什么样的精神品质？采用布置课后作业的形式，了解学生在乒乓球课堂中学习的效果。

2. 乒乓球课思想政治素养提升的过程性评价

乒乓球课程思政中不应当只注重终结性评价，同时要注意过程评价，在学习过程中对学生的思维灵感和知识掌握程度做出反应。在大学乒乓球课堂的程序性评价中，主要采用主观评价的方法。在评价过程中应注意以下几点：第一，程序性评价的比例不应低于最终评价的比例。学生思想政治的提升是一个过程性的转变，过程性的评价不仅符合因材施教的教育理念，同时也能够更好评价学生在上课过程中对思政知识的领会情况。其次，在过程性评价中要体现学生主体性。在乒乓球课堂上学生不仅仅是被评价的主体，同时也应当参与到评价中，实现教师评价学生、学生评价学生、学生评价课堂，如，进行一场乒乓球比赛后，学生讨论的方式可以从不同的角度对赛场上运动员的表现情况进行评价，既要对技战术进行评价，又要对学生思想政治的表现进行评价，从而全面提升在课堂教学效果。第三，过程性评价中要注重全方面地进行评价。对于过程性评价而言，不应采用机械统一的标准对学生进行评价，应根据学生的不同特点以及情况，进行具体的反映，对乒乓球课堂中从不同方面对学生的表现进行描述、记录，精准地反映学生在课堂中所表现的情况。还可以将课堂常规、训练、教学比赛、发言中对学生进步的过程作为过程性评价的依据，全方位的对学生的表现进行记录和反馈。

七、高校乒乓球课程思政实践教学设计案例

（一）案例一：学习乒乓球发球技术

设计案例主线为教学内容，在乒乓球发球的技术教学中使学生成长为勇于突破、尊重规则、主动作为并精益求精的人。

1. 教学过程

（1）通过教学内容中"可以用合适的站位，按自己的想法将球发至对方球台的任意位置，并且发球的过程不会受到对方的制约"，让学生学会如何把握发球的机会与主动权。

（2）"合法发球"的规则中写出，只要在规则内，想要提高发球质量，可以

通过改变击球速度、力量与作用点，也可以通过改变发力方式和方向来实现目的，让学生学会如何在遵守规则的前提下提升自身的能力。

2. 启发引申

可以从发球技术教学中对学生的思想意识进行启发，主要有以下两方面。

（1）人生与发球一样，都需要掌握主动权，还应当有自己的目标与梦想；同时要像遵守发球规则一样守住人生的底线，分清楚可以做和不可以做的事情。

（2）在发球中想要掌握主动权，就需要以发球技术为基础，勤加练习、勇于探究、刻苦钻研，做到动作规范并精益求精。

（二）案例二：乒乓球班级教学比赛

第二个案例是对学习活动的方式进行设计，通过构建班级教学比赛的平台，使学生的拼搏争胜、抗挫折等精神得到培养。

1. 教学过程

（1）赛前引导。比赛前要引导学生理解比赛的意义和目的所在，虽然要分出胜负，但是赢家终究只有一个，所以比赛不仅仅是要和对手比拼，更要和自己比拼；同时比赛经验也是比赛中可以获取的宝贵财富，进而提高自身的水平。

（2）比赛安排。以抽签的形式进行分组，参赛双方选手即是裁判，在比赛对局完成后进行成绩的登记。过程中恪守互相尊重的要求。

（3）比赛进程。当面对强大的对手之时，使学生感受到技术能力的重要性；在水平相当的情况下，保持良好心态，尽情发挥拼搏精神，努力争胜。

（4）赛后调整。因为比赛的淘汰性质，有胜者自然也会有败者，要让学生在失败中总结经验，吸取教训，分析自己的不足，从而在失败中取得进步。

（5）经验总结。在双打比赛中和搭档的配合是赢得比赛的关键，让学生学会团队合作，认识到共同进步是比赛的目的，要保持学习的热情与精益求精的精神。

2. 启发引申

（1）人生价值来自他人的认可与尊重；人生幸福则是从个人的自信和日常生活的优越感而来。乒乓球比赛中获得比赛的经验，提升了个人的技术水平，并在比赛平台中展示自我，是培养自信品质的极佳机会。

（2）在当今社会，实力最能说明问题，能力够强才能从激烈的社会竞争中脱颖而出，学生在竞争失败的经验中总结自身的问题，努力进步，从而强大自身。

第三节 "教会、勤练、常赛"的探索实践

一、"教会、勤练、常赛"的内涵

"教会、勤练、常赛"是体育教育为了适应当前社会发展而提出的新要求，能够反映国家对整个体育教育的重视和体育工作的未来方向与特征。

"教会"是对教师的要求，是让学生在知识层面有所提升，包括相关运动的技巧知识、健康知识和安全知识。"勤练"则是要求学生能够将所学知识与实际的运动结合起来，从而产生积极合理且科学的训练效果，锻炼不局限于校内，可以在校外课余时间进行各种球类的相关运动。"常赛"则是针对学校方面，学校经常组织各种活动的竞赛，从而使学生获得更多体验赛事的机会，培养学生的综合能力与适应比赛的素质。

二、"教会、勤练、常赛"的关系

（一）"教会"是实施勤练和开展常赛的基础

学生对基本理论知识和运动要求的学习应当建立在"教会"上，学生进而将这些知识技巧运用到实践中，在训练与体育的竞赛中不断提升能力，具体表现在学生对规范动作的了解以及在运动中避免损伤的方面，同时也提升了运动的专业水平。

（二）"勤练"是掌握技能和增强体质的过程

"勤练"是不断将理论进行实践的过程，只有反复练习并总结，才能提升学生自身的体育技能，在一次一次重复的训练中积累能量与能力，促进了学生专业水平的提升与身体技能的增长。

（三）"常赛"是运用技能和培养品德的有效手段

"常赛"是借助比赛竞技的平台对学生进行检验的一种方式，通过这种手段，学生的风采可以获得展示，使学生获得成就感与荣誉感，专业赛事可以让学生更深刻地认识和了解体育运动，使之对运动产生发自内心的喜爱。同时也培养了学生公平竞技的精神以及在赛事中总结经验提升自身的能力。

三、乒乓球课"教会、勤练、常赛"的实践路径

（一）优化教学模式，"教会"学生基础知识和乒乓球运动技能

1. 保护兴趣

兴趣是一种引导学生参与锻炼的方法，其有利于学生心理健康的发展。学生对于乒乓球运动的兴趣各有不同，为了保持这种兴趣，需要学生在运动中体会到克服困难的愉悦感和获得提升的成就感。

2. 教会学生乒乓球运动与健康的基础知识

乒乓球科学锻炼与终身体育的依据便是乒乓球运动的基础知识，这对乒乓球教师的教学能力提出了要求，要求学生能够学会相关运动的知识、科学锻炼的知识、相关的安全知识以及与竞赛有关的规则方式的知识等。教师需要有序地进行知识培养，同时根据学生的性别差异和学习水平进行知识传授。

3. 教会学生乒乓球运动基本技术和技能

对一系列具体动作或组合进行的身体练习是以一般的运动技能为基础的，这种技能是在学生从事运动相关的学习和运用过程中渐渐产生的能力，因此在教学过程中采用团队合作、小游戏教学或是比赛竞技的模式进行锻炼可以提升学生各方面的能力。

4. 建立分级机制，关注个体差异，推动教学工作高效开展

学生在身体条件、运动技能、性别和兴趣方面都有着主观或客观的差异，根据这些差异可以进行分类分组的机制，对待不同组别的学生采取不同的教学策略，最终找到合适的促进学生全面发展的方式与体系。在教学中要充分重视学生主体的地位，尽可能让更多学生参与运动，并通过不同学生的差异进行个别对待从而提升个体的积极性，同时对学生进行肯定以保持其兴趣与热爱锻炼的精神。

（二）多方联动，促进学生"勤练"成为常态

1. 注重课堂练习，促使学生达成知识、技能目标

学生能够在乒乓球课堂的练习中形成这项运动的基础运动技能，教师针对不同的学生制定符合其特点的特定教学，突出教学的重难点，使学生由浅入深的理解并掌握运动技巧，在循序渐进中提升学生的积极性与成就感。同时对部分较为优秀的学生进行一定的深入教学，做到因材施教。

在乒乓球教学及课内外练习中使用游戏法进行调节，可以充分激发学生的运动热情。如准备部分听节奏欢快的网络音乐、跳韵律操唤醒孩子们的运动热情；

"追逐超越"发展速度耐力;"木头人追拍"发展速度、灵敏和快速反应应变能力;连续跳跃小体操垫比赛发展爆发力和跳跃能力……设计好的游戏方法来"代替"枯燥的项目练习,可以让学生更加喜爱乒乓球。

2. 加强第二课堂体育训练,提高学生的专项化技能

新时代体教融合的思路给学校的体育教育开辟了新的途径,高校的管理层应当加大对学生体育锻炼的重视,并为之建立一套长期有效的保障机制,例如开设乒乓球的第二课堂训练,创建乒乓球特色体育模式,将之作为教学工作的一部分放入教学计划中,重视并鼓励学生更多地参与这项活动,调动学生的积极主观态度,这是对形成学生健康的生活习惯与身体素质,并锻炼乒乓球专业技能的一种扩展,对上述的"勤练"有极大促进作用。

在乒乓球训练中要根据学生的具体情况制定不同的教学计划,做到因材施教才能让每个学生的需求得到满足,学校内开设的乒乓球课程和成立的乒乓球专业运动队伍都可以促进乒乓球专项训练和乒乓球技能的提升。

3. 布置课后体育作业,是"勤练"的有力补充

只靠乒乓球课实现乒乓球专项化技能是不现实的,专项化技能需循序渐进反复练习,除了乒乓球课,第二课堂乒乓球训练和乒乓球课后作业都是"勤练"的有力补充,但乒乓球课的作业布置要以人为本,充分发挥学生的主观能动性,作业布置要科学、合理,由统一作业改为选择性作业,充分调动学生完成乒乓球作业的积极性。例如:(1)通过书本或网络学习基本知识。(2)分配速度、力量、灵活度、耐力和其他身体素质。(3)安排不同层次的课后作业。学生可以根据难度选择作业。(4)设计一些内容广泛的课后作业,鼓励学生探索锻炼,也是乒乓球教育对学习运动技能的补充和延伸。学生在完成作业(包括运动数据、运动照片或短片等)后,可以在班集体中打卡,教师可以根据完成的具体情况给予适当的评价,以提高学生完成作业的积极性。

(三)多方联动,提供学生"常赛"的平台

这个"赛",并非都得是正式比赛场所上的正规高水平竞赛。课堂上可以"随学随赛",课余时间也可以"复习比赛";两人之间可以"赛",小组与小组、班级与班级、年级与年级之间也可以"赛";可以是"单项赛",也可以是"组合赛"……"常赛"的组织形式可以新颖多变、比赛内容可以灵活多样。

1. 建立校级赛事体系,促进校级竞赛常态化

学校应该建立除乒乓球教学竞赛以外的竞赛制度,将定期开展比赛作为教学工作计划的一部分,该级别的校级竞赛应当面对全员开放,在赛前制定好详细的

赛程规划，通过各种渠道进行宣传。竞赛的最终目的是帮助学生积累竞赛的经验同时提升自身和竞技水平。

2. 学校、家庭、社区联动，推动赛事的多样性

学校可以通过运动会的形式与学生家长和周边社区产生联系，互相之间形成良好的互动，这样的联系可以使家长和周边社区积极参与，同时可以成立由家长、学生和社区构成的团体，促成包括身体健康、体育竞技、社区文化等各方面的和谐发展和共同进步，是一项非常有价值的多方联动项目。

和社区或俱乐部共同举办的区域性联赛可以在校级联赛的基础上建立一个多方合作的联动竞赛体系，比赛的分组可以根据年龄特点进行划分，从而构成梯队性的竞赛模式，与此同时依法处理比赛中出现的各种问题，做到公平公正，合理科学的举办赛事，同时提前设定好评判和奖励体系，从而激发积极性。

第四章　高校乒乓球运动的技战术教学训练法

本章主要内容为高校乒乓球运动的技战术教学训练法，分为两个小节，第一节的内容为乒乓球运动的技术教学训练法，第二节的内容为乒乓球运动的战术教学训练法。

第一节　乒乓球运动的技术教学训练法

一、乒乓球运动技术教学

（一）发球技术教学

1. 发球技术的教学步骤

（1）运动员徒手训练发球准备姿势，模仿抛球发球的动作。

（2）运动员在发球练习中采用多球方式。

（3）运动员先练习斜线球再练习直线球，先练习定点球再练习不定点球。

（4）运动员进行各种旋转球的发球练习。

（5）运动员练习同一手法下不同旋转和落点的发球。

2. 发球技术的教学内容

（1）正手平击发球

站立位置在左侧的中心附近，同时将球抛到右上方的球拍，上臂向前推动前臂平行摆动，球拍的形状稍向前，在球的落下阶段击球的中上部向前方用力；使球的第一个落地点靠近桌子中间。

（2）反手平击发球

发球时右脚在前，左脚在后，稍微面朝别处。左转球放在左手的左手掌上，放在身体左侧，右手放在身体前面。投球后，球拍开始向后移动。当球回来时，前臂从身体左后部向前摆动到球的中上部。整个过程是"抛、拉、打"。

（3）正手发右侧上旋急长球

如图 4-1-1 所示，左脚靠前，身体向右微转，拿拍子的手向右后方移动，球拍前倾，腰部向右转，当球从空中降至网高时，用肘关节当作轴心，上臂带动前臂向左前方挥拍，在击中球的一瞬间使用手腕的力量进行弹击，这时重心脚也发生自右向左的改变。

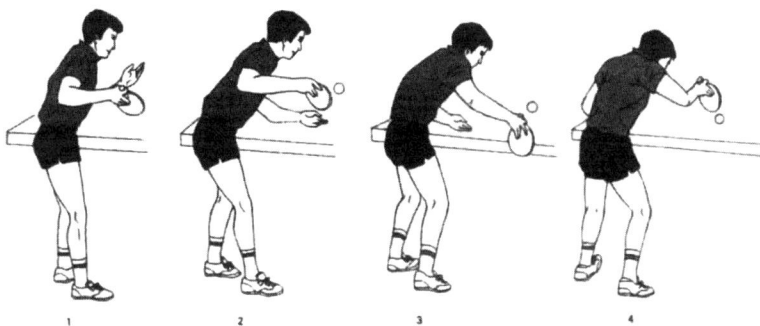

图 4-1-1　发球技术示意图

（4）反手发急球

用左手向上抛球，右臂随之向外旋转，球拍向前，上臂靠近身体的左侧，球拍向左后方移动。当球从空中降至网高时，打击球的左侧中上部，在击球瞬间前臂加速向右上摆，利用手腕的力量对球进行摩擦，腰部也随之右转。

（二）接发球技术教学

1. 接发球技术的教学步骤

（1）运动员用平挡回接平击发球。

（2）运动员慢搓回接下旋发球。

（3）运动员反手从定点到不定点的回接下旋球，或是在不同落点上推侧旋球。

（4）运动员劈长接、摆短接、晃接和挑打近网发球。

（5）运动员进行抢攻（拉）接发球练习。

2. 接发球技术的教学内容

（1）接高远球或平高球

针对高远球和平高球的进攻可以用同样的招数即吊球杀球还击。是否可以快速掌握主动权，有时就看接发高远球的这次还击机会。为了避免对方攻击，初学者要努力提升自己后场进攻技术，提高还击球的质量。

（2）接平快球

应对平快球的方法有平推球、平快球还击，通过速度来取得优势，同时也可以选择高远球以逸待劳，若是仓促地进行还击可能会导致回球质量差，从而受到对方攻击。

（3）接网前球

针对网前球的应对回击措施有平高球、高远球、放网前球、平推球等，可以抓住对方发球质量不好的机会来使用扑球进攻。

（三）推挡球技术教学

1. 推挡球技术的教学步骤

（1）运动员模仿徒手挡拨球或是推挡快拨球动作，并体会动作中的要点。

（2）运动员进行反手对墙挡球的练习。

（3）进行正确动作下的两人挡拨球对练，可以不要求落点。

（4）运动员在练习的过程中逐渐加大力量。

（5）两名运动员练习并体会速度逐渐加快的反手推挡快拨斜线动作。

（6）两名运动员轮换的进行加力推、发力拨和反手弹打并运用均匀力量推挡的动作。

（7）两名运动员用发力推（发力拨）。

（8）两名运动员进行均匀理论推挡快拨和减力挡下旋推的轮换练习。

（9）两名运动员进行均匀力量拉球和推挡快拨并结合推挤的轮换练习。

（10）两名运动员进行推挡快拨和进攻技术结合的练习。

2. 推挡球技术的教学内容

（1）挡球

保持身体离球台的距离在 50 厘米左右，同时左脚稍前或者双脚平行站立。前臂与台面平行来进行击球，在排球时，借助的是对方球的反弹力。这样在上升期时，对球的击打集中在中部，使球拍与台面近乎垂直，在击球后收拍，并还原姿势（图4-1-2）。

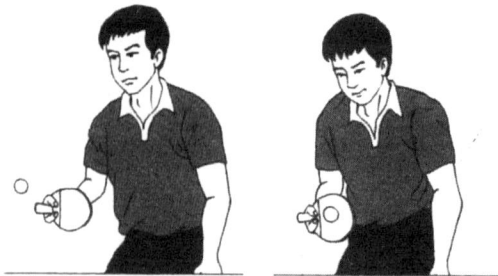

图 4-1-2　挡球技术教学示意图

（2）快推

此时身体距离球台 40 厘米左右，站在中间偏左的位置。平站或者右脚靠后，稍微弯曲膝盖，身体有一个左转的小角度。右臂靠近身体，手掌自然弯曲放置身前，前臂向外旋转。当球击中台面弹起时，前臂带动手腕击球，打击球的中上部，手臂带动手腕向前或略上一点并且借助击球的反弹力将球击回。击球后动作还原。

（3）减力挡

此时站位同挡球时的站位，在击球之前身体的中心升高，让球拍保持一个向前的角度，在击球的瞬间，将手臂手腕都向后收，借助来球的力量将球击回，速度快。

（四）搓球技术教学

1. 搓球技术的教学步骤

（1）用球拍进行摩擦球的练习。

（2）运动员徒手做正、反手的徒手搓球动作。

（3）运动员向球台抛球，待弹起后正反手将球搓过网。

（4）运动员通过接发下旋球进行正反手的快慢搓练习。

（5）两名运动员进行正反手快慢对搓练习。

（6）两名运动员一方进行反手快慢搓，另一方进行正反手的摆短或搓长练习。

（7）运动员在固定路线上进行正反手相结合的搓球练习。

（8）两名运动员进行正反手的摆短或搓长练习。

（9）运动员进行正反手搓转与不转球的练习。

（10）运动员进行搓球攻球二者结合练习。

2. 搓球技术的教学内容

（1）快搓

若是正手快搓，右脚前移，身体向球台方向靠拢。当球弹起方向在身体左侧时可以采用反手快搓。当击球的时候，将上臂前伸，同时球拍后仰，利用上臂力量对球的中下部进行击打。

（2）慢搓

同样通过正手慢搓进行讲解，将左脚前伸，身体右转。在击球时手臂向上抬起，通过前臂带动手腕的力量向左下方用力搓，击打球的中下部。若选手是直拍握法，用力时需要食指和中指用力，同时配合拇指。而若选手是横拍握法，则需要拇指食指的协调用力（图 4-1-3）。

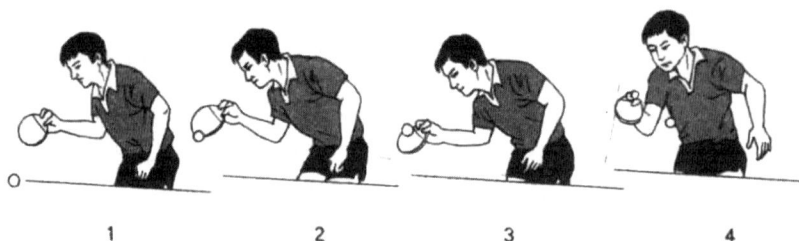

图 4-1-3　搓球技术教学示意图

（五）攻球技术教学

1. 攻球技术的教学步骤

（1）运动员进行徒手模仿练习

（2）运动员进行单个动作练习

两名运动员一人发球一人打，一球一发。

（3）攻推练习

两人进行挡球和正反手攻球的练习。随着动作掌握情况，期间经历从轻攻到中等力量攻的转变，最后转变为发力攻。

（4）对攻练习

对攻练习包括了对攻中路，对攻斜线和侧身正手对攻等。

2. 攻球技术的教学内容

（1）正手快攻

身体在球台前 50 厘米左右的位置，站在中间或偏左的方位上。这时身体的中心放在右脚，将左脚向前伸，身体右转，同时自然弯曲右臂，前臂后引，将球拍拉至身体右后方，前臂内旋，用上臂带动前臂手腕，向左前方击球，并击打球的上部。击中瞬间向左前方发力，同时连带腰部的协同。并在击球后回归原始位置。在这个过程中，重心又从左脚移至右脚（图 4-1-4）。

图 4-1-4 正手快攻示意图

（2）反手快攻。

用反手击打上旋球时，右脚靠前，同时身体向左转，在右肩下沉的同时，肘部关节靠近身体，使上臂前臂呈 130° 的夹角。向左侧挥击球拍，上臂带动前臂及手腕，外旋打击球的中上部；相反在击打下旋球时，球拍垂直并以肘关节为旋转轴，前臂发力击打球的中下部。其中要注意球拍与球的摩擦上旋问题。

（六）削球技术教学

1. 削球技术的教学步骤

（1）运动员模仿削球的练习。

（2）运动员使用正反手将接发到的球削回。

（3）运动员进行正反手的连续削球来击回对方拉过来的球。

（4）运动员通过正反手来进行削直线或斜线球。

（5）运动员用正反手结合向固定的落点削球。

（6）削逼角练习。其中一人拉球，另外一个人通过反手削球使得球的落点在对方的两边角落。

（7）逼角结合变线，在连续边角中寻找机会。

（8）两人进行拉正反手并用正反手削球的练习。

（9）两人进行拉球，正反手结合的削转球和不转球练习。

（10）针对扣杀结合短球，削球接短球进行训练，同时双方伺机反攻。

（11）进行削球上推的削推结合练习。

（12）进行在削球中反攻的练习。

2. 削球技术的教学内容

（1）近削

本处对正手近削进行讲解，与远削的区别在于近削要向上引拍，使球拍垂直，整体动作是向下与左前方向。在来球时击打球的中下部，比远削的速度要快很多。

（2）远削

本处同样对正手远削进行讲解，首先是站在球台一米之外的位置上，左脚靠前，身体右转，重心移至右脚上。同时前臂向右后上方移动，打击球的中下部，整体是由上臂带动向左前下方挥拍，这时重心移至左脚上，再迅速还原。

（七）弧圈球技术教学

1. 弧圈球技术的教学步骤

（1）运动员进行徒手正反手弧圈球的动作模仿。

（2）两名运动员一人练习将球击出的下旋球，一人练习正反手的加转弧圈球。体会摩擦击球的感觉以及拍形与击球点的变化。

（3）运动员练习击球手法和各种动作的协调配合，并体会不同动作的区别联系。

（4）两名运动员共同练习推挡反带和正反手的加转弧圈球。

（5）两名运动员进行搓拉，正反手加转弧圈球的练习。

（6）两名运动员进行削球，正发售加转弧圈球的练习。

（7）两名运动员对拉弧圈球练习。

（8）运动员通过练习推挡反带、搓球或削球提高移动正反手打出弧圈球的能力。

（9）运动员练习接发球抢拉等与其他技术相结合的正反手拉弧圈球。

2. 弧圈球技术的教学内容

（1）正手侧旋弧圈球

击球时，将球拍半横立，方向略微向右，上臂带动前臂手腕，辅以腰部右旋力量，待球开始下落之后打击球的右中上部，使其产生右旋。这时身体重心应移至左脚。

（2）正手高吊弧圈球

右脚后移，身体右转，重心移至右脚。在击球之前，持拍手自然下垂，向后下方引拍，拍子半横立，当球从球台弹起之时，手臂向前挥，上臂带动前臂使用爆发性的力量击球，摩擦球的中上部。击球要结合腰部和腿部的力量，此时重心将移至左脚上。

二、乒乓球运动技术训练

较为主要的集中乒乓球运动技术的训练方法如下，可以灵活根据实际情况和需求进行选择练习。

（一）单线练习法

总结分析乒乓球运动中的所有击球路线，最终形成五条基本线路，包括左右方斜线，左右方直线与中路直线，根据具体运动员的情况进行分析后进行单一线路的练习。

（1）运动员反复在单一线路进行单一技术练习

（2）运动员反复在单一线路进行两个或两个以上技术的练习。

（3）运动员反复在同一线路上进行近台对中台，近台对中远台的对练。

（二）复线练习法

运动员进行复线练习的内容主要有下面几点。

1. 两点打一点的练习

（1）运动员有规律的使球的落点发生一左一右或一左两右等的变化，两点是指 1/2 台、2/3 台或全台两大角。

（2）运动员进行击球无规律的落点练习，两点打一点时便可使用这些技术。

2. 两点对两点的练习

（1）两斜对两直：这种方式的反复练习要求其中一个人只打两条斜线的球，而另一方则只打直线的球。

（2）逢斜变直、逢直变斜：这种方法对其中一方不做任何要求，而另一方则需要在回球时要根据接球角度，直对斜，斜对直。

（3）两直对一直一斜：这种方式多在两名选手练习时使用，其中一方只打直线，正反手各打两次，而另一方则用正手走动进攻，一直一斜的反复练习。

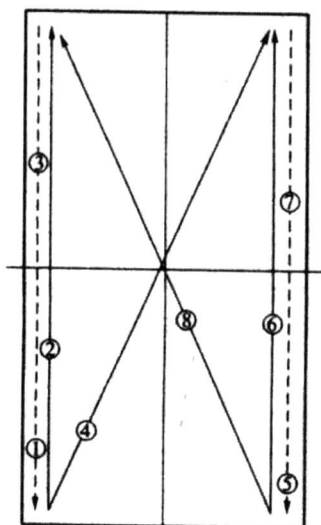

图 4-1-5　技术练习示意图

与之相对的还有另一种方法，叫两斜对一斜一直。这种方法的适用范围和前面一样，一方只打斜线，正反手反相对应，正反手各打两次斜线。另一方全部用正手走动攻，也是一直一斜的反复练习。

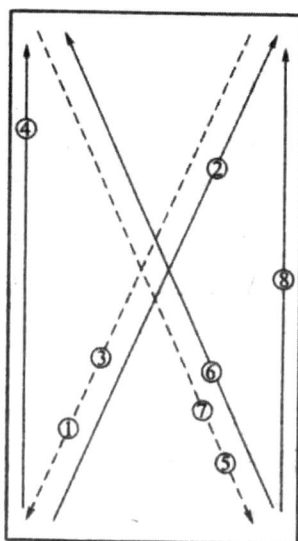

图 4-1-6　技术练习示意图

（4）反复进行无规律的全台落点练习。

3.三点打一点的练习

三点者皆用正手攻或拉弧圈球，一点者可推、可拨、可削

（1）反复进行完全式的三点打一点练习（图4-1-7）。

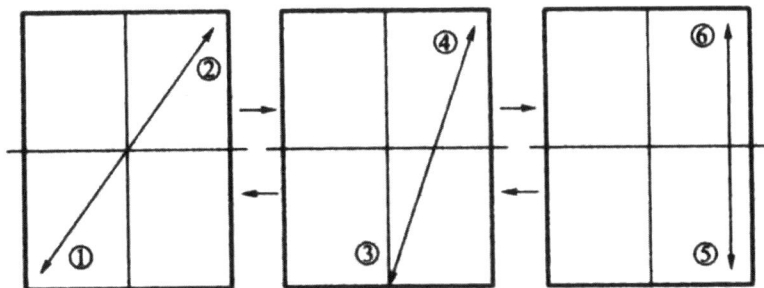

图4-1-7 技术练习示意图

（2）反复进行不完全式的三点打一点练习（图4-1-8）。

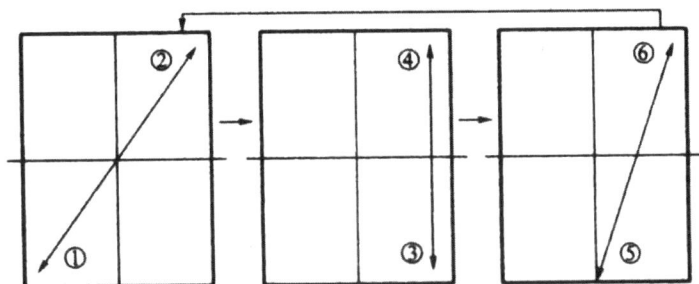

图4-1-8 技术练习示意图

（3）变化式的三点打一点练习：如图4-1-9所示的三点都是正手走动进攻，移动的范围在半台以内，当对方回球到我方的角落时，下板球会从中路来，相反的回球如果在中路，则下板球在左右角落。

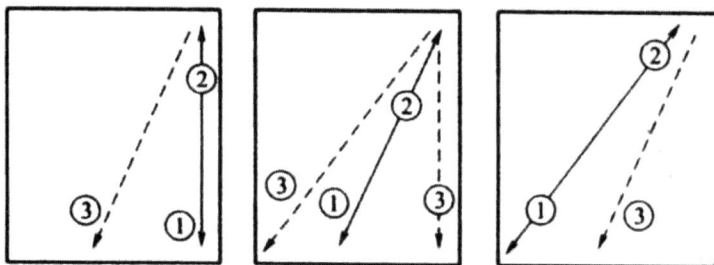

图 4-1-9　技术练习示意图

4. 三点对两点的练习

三点者全部采用正手走动攻球或拉弧圈球，在两点位置的人正反手接打对应方向的球。具体的击球路线如图 4-1-10 所示。

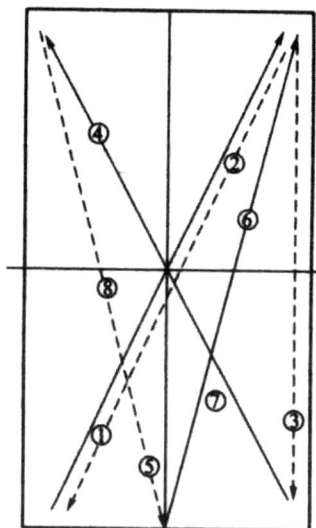

图 4-1-10　技术练习示意图

（三）多球练习法

将许多乒乓球放在一个篮筐中，根据内容与要求的不同从中连续取球，这时要根据不同的练习以不同方式将球击打至训练者面前，达到自由的高效练习的效果，这就是典型的多球练习法。

1. 一人多球练习法

一人单独使用一篮筐的乒乓球，练习各种技术动作的方式，叫作一人多球练习法。这种方法最适用于初学者，因其要建立正确击球动作的理念，在提升这方面技术中多球练习法是较为好用的，具体方法如下。

（1）运动员一个人取球并反复进行自己抛球自己接球的板球练习。

（2）反复的通过发各种不同性能球来进行练习。

2. 两人多球练习法

两人共用一篮筐乒乓球，练习单个或多个技术组合形的动作，这种方式就是两人多球练习法。具体有以下几种练习方法。

（1）反复进行特定的一个技术动作的定点练习。

（2）反复进行特定的一个技术动作的不定点练习。

（3）反复进行与技术动作相结合的定点练习。

（4）反复进行与技术动作相结合的不定点练习。

3. 三人多球练习法

三人多球练习法指的是有专门供球的人和两名练习运动员或是两人供球一人练习，这种共用一篮筐乒乓球的方式，具体的有针对性的练习方法如下。

（1）两名运动员反复进行双打走位的练习。

（2）两名运动员反复进行一拉一打（或削）弧圈球练习。

（3）两名运动员反复进行正手打回头球练习。

（4）两名运动员反复进行接发球或接发球抢攻练习。

（5）三名运动员反复进行一人对两人的双打练习。

（6）两名运动员反复进行杀高球放高球练习。

第二节　乒乓球运动的战术教学训练法

一、乒乓球单打战术教学训练

（一）乒乓球单打战术教学

乒乓球战术教学的内容非常丰富，这里将会从几个主要的战术进行分析。

1. 发球抢攻战术

（1）侧上、侧下旋球结合落点变化进行抢攻

①左长右短

发球主要是侧下旋短球。结合上旋将球击至右侧近网，使对方忙于救球而无

法抢攻，进而为自己的进攻创造机会。同时发出大角度的长球使对方难以发力，拉球攻球均不能实现，因此为己方的正手抢攻提供机会（图4-2-1）。

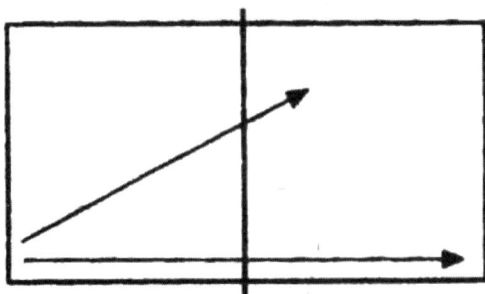

图 4-2-1　战术教学示意图

②右长左短

右长左短的战术和上述左长右短的思路是一模一样的，唯一的区别就在于方向相反，合理的运用下能够让战术成功转化为分数（图4-2-2）。

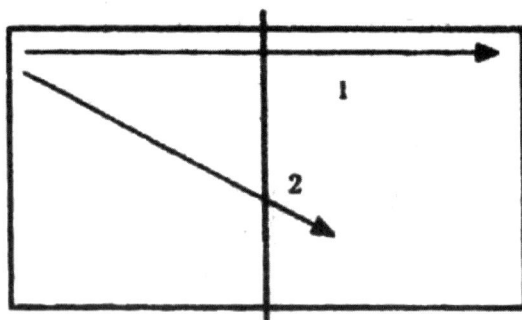

图 4-2-2　战术教学示意图

③同线长短

由于擅长横拍削球的选手在击打中路近网的长短球时很难顾及旋转的变化，因此会因为回球质量问题而陷入被动。因此使用同线的长短发球抢攻战术是对付横拍削球选手的极佳策略之一。中长中短的发球抢攻都比较有效，除此之外，横拍使用两面攻或拉的选手在这个战术的使用上也能起到比较好的效果。（图4-2-3）。

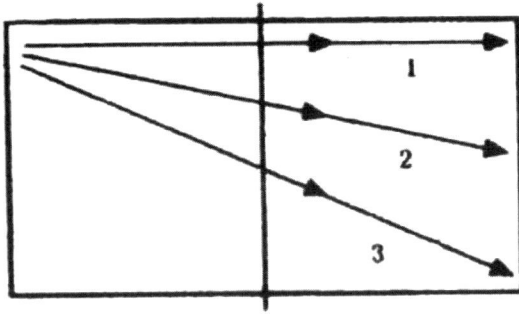

图 4-2-3　战术教学示意图

（2）侧上、侧下旋转球与急球相结合，进行抢攻

①上、下旋转球与急球相结合（图 4-2-4）

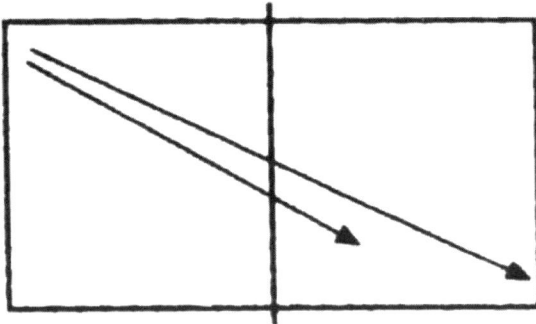

图 4-2-4　战术教学示意图

②利用急球和上下旋球的结合将球发至不同落点，通过急球来配合短球。急球与侧上下旋球也可以结合，主要是结合的右角急球。

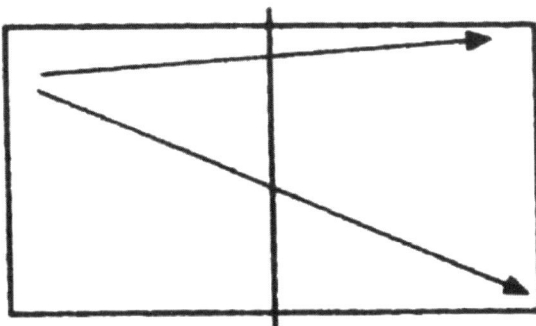

图 4-2-5　战术教学示意图

这些战术如果可以合理运用，通常都能取得不错的效果。

③急球的转与不转配合使球落在不同的位置，如发短球至对方的中路或者右路，或者配合长球发至对方左路，都可以伺机抢攻，夺取主动权。这些都是有极好效果的战术。（图 4-2-6）。

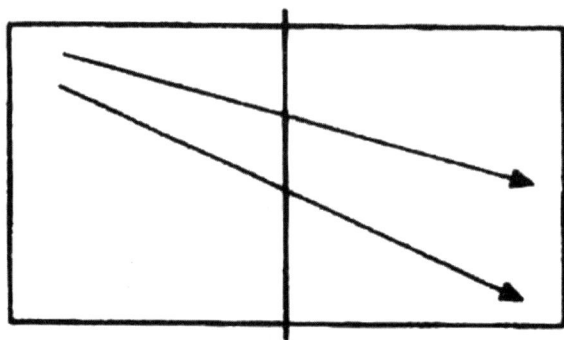

图 4-2-6　战术教学示意图

（3）在抢攻过程中结合转与不转的落点变化

①无论转还是不转，发球的落点不变，可以先发转球后发不转球也可以以相反的顺序抢攻（图 4-2-7）。

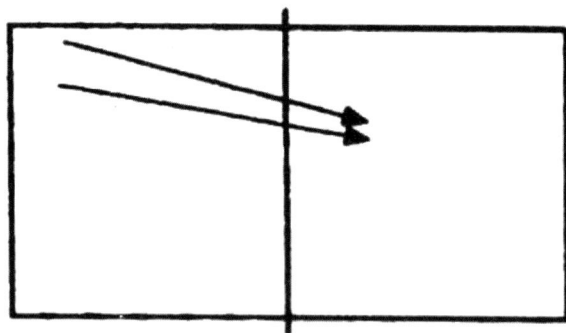

图 4-2-7　战术教学示意图

②无论转还是不转球，发球的落点发生变化。在经过连续的短球发球之后，出人意料的发长球进行抢攻（图 4-2-8），是一种容易取得效果的战术。

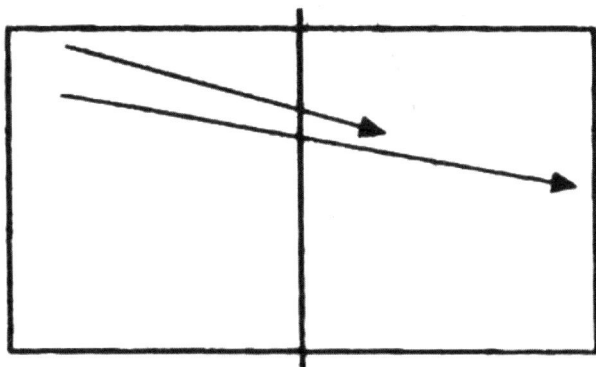

图 4-2-8　战术教学示意图

2. 对攻战术

（1）攻两角战术

对角攻击，逢斜变直、逢直变斜，双边直线以及调左压右和调右压左都是攻两角战术的具体打法。下面具体对每种战术进行分析。

①对角攻击

给予对方反手角位置足够的压迫，使其没有进攻机会，然后突然转变方向进攻其另一角（图 4-2-9）。

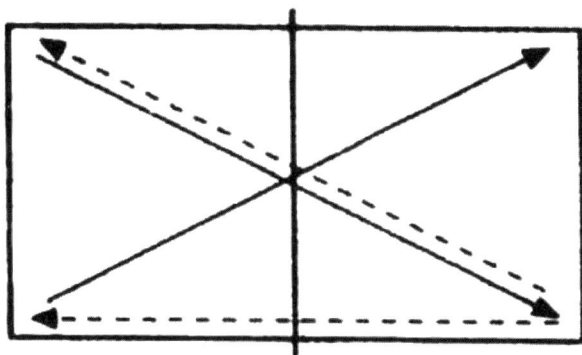

图 4-2-9　战术教学示意图

②双边直线

用直线对两角进行进攻的战术就是双边直线战术（图 4-2-10），虽然方式很简单，但是要根据场上的形式进行灵活调整才能取得理想效果。

87

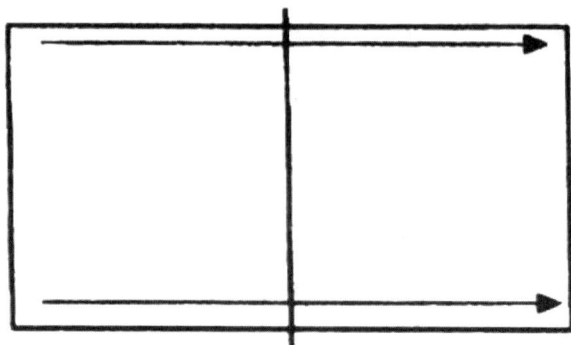

图 4-2-10　战术教学示意图

③逢斜变直，逢直变斜

运动员的回球在斜线和直线进行互换，无论如何变换，回球落点均在角落上（图4-2-11），这种大角度的变换可以有效袭击对方的漏洞。

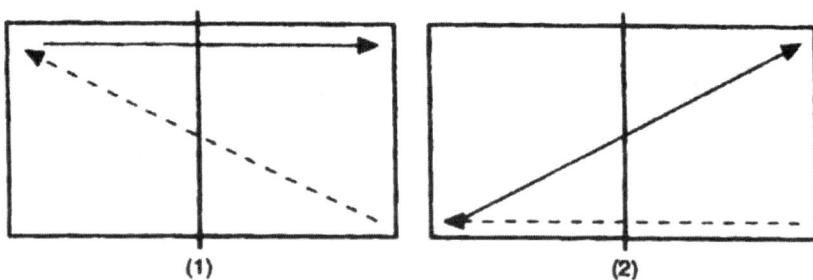

(1)　　　　　　　　　　(2)

图 4-2-11　战术教学示意图

④调右压左和调左压右

调左压右：用这种战术来对付对手的左手执拍且擅长侧身攻，往往能取得较为理想的战术运用效果（图4-2-12）。

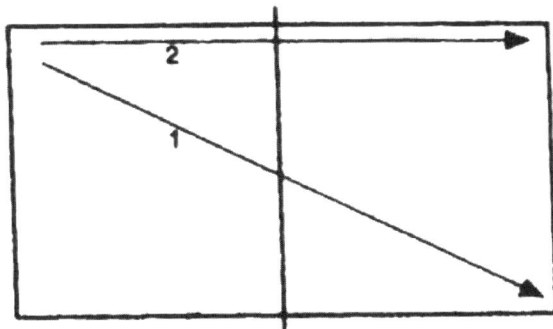

图 4-2-12　战术教学示意图

调右压左：将右手执拍的选手调到正手位，并被迫离台，然后再打反手。该战术运用得好，往往能够起到抑制对方发挥反手攻的作用（图 4-2-13）。

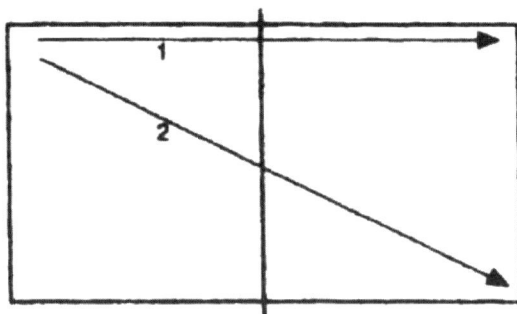

图 4-2-13　战术教学示意图

（2）攻追身战术

①攻追身杀两角

运动员先对对方中路追身进行攻击，再扣杀左角或右角（图 4-2-14）。

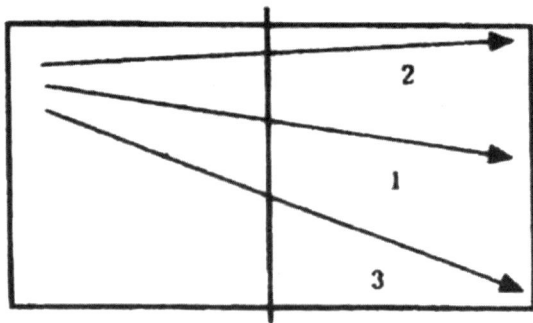

图 4-2-14　战术教学示意图

②攻两角杀中路（追身）

运动员先攻对方左、右两大角进行进攻，再等待机会扣杀中路（图 4-2-15）。并通过现场的具体情况进行战术上的调整来取得更好的效果。

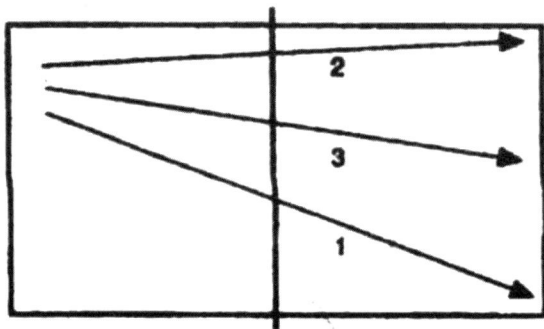

图 4-2-15　战术教学示意图

3. 拉攻战术

（1）拉左杀右或拉右杀左

拉一边杀一边的战术就是针对削球旋转变化弱或者是攻势不强的对手，待出现合适的机会时杀向另一名对手。

（2）拉直杀斜或拉斜杀直

无论是拉直杀斜还是拉斜杀直都是各有优劣，拉斜杀直的杀直难度大因而也可以造成很大的威胁，具有稳健保险的特点。拉直杀斜的拉球难度相对大一些，但是杀斜线就要简单且命中率高。因此在赛场上要针对不同的临场情况选择合适的策略进行击球。

（3）拉一角为主，突击进攻

针对削球旋转变化弱或者是攻势不强的对手可以选择拉一角为主的策略，这样的战术可以使得对方反攻次数降低，再突击时更容易选择自己合适的线路进攻从而保证命中率，进攻对方中路可以增加对方顶重板的难度，提升进攻威力，总的来讲是在比赛中更好地把握机会争取主动权。

（4）拉两角杀中路或拉中路杀两角

顾名思义就是可以选择拉球至两边角落，再从中间进攻得分的策略。对于削球能力弱的选手，中路突破是一个很好的方法。

相反的，若是在中路进行拉球，同时在对手忙于让位的过程中迅速转换球的方向，使落点在角落也是非常有效的牵制对手并得分的方式。

（5）拉搓、拉吊结合，等待机会突击（扣杀、拉冲）

拉搓、拉吊结合是一种先通过拉球突击使对方远离球台，然后利用吊短球或者搓球让球的落点近网，从而调离对方位置，再打击球至两边大角，进而连续扣杀得分的战术。

（6）通过拉球中不同形式的变换，来等待机会突击（扣杀、拉冲）

可以通过以下几种方式来应用这个战术，一是在拉球时使用真假拉球和侧旋弧圈，通过旋转使对手削球的难度大大增加，二是通过拉球使落点产生变化，进而逼迫对方走位来寻找机会进行出其不意的反击。三是拉刚出台的轻球，再发力拉长球，在拉球中等待机会。总体来说，这个战术对拉球技术的要求较高，是常被攻球技术较好的运动员选用的战术之一。

4. 搓攻战术

（1）搓转与不转球，等待机会抢攻

制造搓球中转或不转球的假动作来迷惑对方，利用当中差别来制造得分机会占据主动权。

（2）先搓对方反手大角，再变直线，等待机会反攻

搓球时可以优先击球至对手的反手死角，待其姿势和注意力转变后再伺机击球使落点在相反位置，在反复吊球的过程中争取得分机会。

（3）摆短配合劈两大角长球，等待机会进攻

对于擅长抢攻长球的选手来说可以选择用短球打控制，再以出其不意的抢攻长球进行击球从而使对手应接不暇，争取得分机会。

（4）搓球转快攻

①正胶、生胶类的进攻性运动员一般会采取搓中突击的方式作为重要得分手段。

②擅长相持球的运动员一般会选用在对搓中先拉一板弧圈或小上旋，迫使对方打快攻的战术。

③进行针对性的搓球，要保证搓球质量为先，然后针对对方进攻质量较低的选手方向进行搓球，在对方拉球时，自己则准备好反攻。这也要求了自身需要具备灵活反攻的能力。

5. 削攻战术

（1）削两角，等待机会反攻

①对角紧逼，等待机会反攻。

②连削直线，等待机会反攻（图4-2-16）。

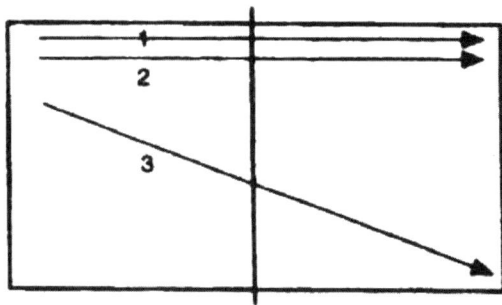

图4-2-16 战术教学示意图

③根据接球角度改变击球角度，伺机反攻。

④不断改变击球，使落点处于角落进行吊球并伺机反攻（图4-2-17）。

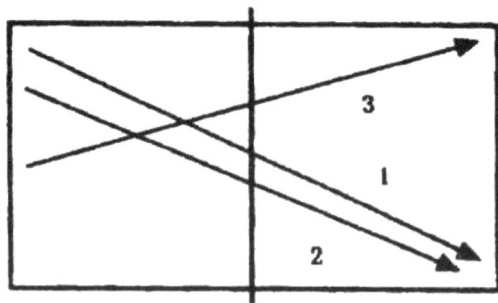

图4-2-17 战术教学示意图

（2）削长短球，等待机会反攻

①削同线长、短球，等待机会反攻。

②削异线长、短球，等待机会反攻。

③削追身长、短球，等待机会反攻。

（3）削攻结合

①将削与攻穿插结合，不时进行转换。

②运用旋转球等变化扰乱对方，并且将削与攻进行左右手的乱换。

（4）削转与不转，等待机会反攻

①灵活地将削球和转球不转球进行结合，同时注意落点变化，再寻找机会反攻。

②将削球和旋转球结合，扰乱对手，等待机会反攻。

③在持续的削球中加入一个上旋球，等待机会反攻。

（二）乒乓球单打战术训练

乒乓球的单打战术经历长期发展，形成了以下的主要训练方法，具体要根据实际情况进行选用。

1. 单个战术练习法

在比赛中反复实践后进行总结，将战术简化成规律性战术，并且根据其特点在比赛时灵活贯通的使用。

2. 附加装置练习法

附加装置练习法的形式主要有以下几种。

（1）加宽球台

通过加宽球台的方式可以提高运动员的步法，可以通过增加移动距离来进行高频率练习。具体的加宽方法是将球台的其中一方放置更多台面，

（2）升降球网

升降球网可以帮助运动员取得更理想的训练成果。

①降网法：下降球网主要运用于练习削球和搓球中，球网的下降可以有效降低弧球线的高度。

②升网法：升高球网可以用来练习攻球弧线的弯曲度。

（3）网上加线

在球网上加上一条线是为了在练习搓球时可以让双方运动员控制弧线的高度。

3. 比赛法

（1）检查性比赛

①在周末或每堂课后设置为了熟悉战术和改正问题的小型比赛。

②在小型公开赛或内部比赛中，使用教练员规定的战术或技术进行比赛。

（2）缩短练球时间

因为比赛性质问题，可以通过准备活动后立即比赛的方式培养选手进入状态的能力与意识。

（3）紧张性比赛

①通过要求参赛选手的亲朋好友观看比赛来增加其压力。

②通过擂台的形式进行比赛，胜者晋级，败者轮换，每组5—6人进行循环。

③升降台赛：在同时进行的比赛中，胜者升台号，败者降台号，在不断的比赛之后，胜者集中在前面的台号，而败者集中在后面，这样就可以根据台号的前后来进行奖惩。

（4）让分比赛

让分比赛主要存在于双方实力不同的情况下，一般实力强的要主动为实力弱的队伍让分，以此来激励弱队顽强挑战，并给予强队以压力，保持发挥水准。

（5）适应性比赛

为了让正式比赛更加顺利，要进行适应性比赛，举办适应性比赛要做到以下要求。

①在举办适应性比赛，要按照正规大赛的规格进行设置，包括规则，球台和球等均与正规赛季一样。

②在举办比赛时除了硬件设施达标之外还应注意地区、气候、地理条件等的相似性。

4.意念打球

在运用意念打球这一练习方法时，需要从以下几个方面着手。

（1）完全按照自己的意念进行练习

按照意念进行练习就是模拟对手的发球以及自身的相应击球动作，同时可以对自身手法和步法进行模拟练习，是对整体性战术提升和运用的方式。

（2）通过假想各种对手，练习相应的战术打法

在脑中模拟接发球和相应击球动作的训练可以有效提高战术运用的熟练度。

（3）提高对技术、战术动作表象能力

在看到一场比赛或是一个动作之后，在脑海中可以清晰重现该动作与战术的能力就是战术动作表象能力的体现，能力越强其重现的效果就越清晰。

（4）将意念与练习有机结合起来

练习时不要一味地持续练习，要利用各种空闲时间比如捡球等，来进行追溯回忆，使肌肉形成记忆，并及时改正错误的动作等。

二、乒乓球双打战术教学训练

（一）乒乓球双打战术教学

关于乒乓球双打战术的教学内容有以下几个方面。

1. 发球抢攻战术

发球人以侧上下旋等近网断球发法为主，同时辅以长球发大角的位置。抢攻战术要求发球的路径短，有较大的旋转变换，通过逼真的动作或是及时传递给同伴信息。同时要根据回球的下落位置等进行有目的有准备的抢攻，需要调节击球力度、速度与旋转

在双打的发球中要做到出手快同时弧度要低，球的落点应靠近网或者是球台边缘，这样才能有效防止对方发球的抢攻，从而为己方队友制造更好的机会。通过侧上侧下的旋转球或者近网球进行进攻可以用来应付进攻性强或是弧圈型打法的对手。而侧上旋下旋的长球辅以近网球可以有效应对削球选手。

2. 接发球抢攻战术

当运动员明确判断球的旋转方向、速度和落台位置时，他们可以果断地进攻，从而获得进攻的主动权。这种战术的使用主要是为了实现对缺口另一边的攻击，以达到杀戮的目的。对长球的快攻或回拉；以短促的挥杆或掠过一块板子来迎接短球。如果对方发球质量很高，在无法直接进攻时，可以改变接发球方式，控制弧线和落地点，避免盲目硬攻造成失误。

3. 攻正手、打空当

这是一种处理成对不同拍板的策略。一对左手和一对右手，通常左手站在桌子的右侧，右手站在桌子的左侧，以充分发挥他们的正手优势。因为对手太过关注他们的侧方位置，所以真正的正手位置从实变为虚。因此，如果此时攻击正手位置，通常是成功的。

4. 控制强者、攻击弱者

双打的两人实力强弱终归会有些差别，因此在对打时，找到其中的弱点与破绽，对其进行正确划分，尽量避免让其中的强者进行进攻，同时要将对方弱的一环作为重点突破位置，针对其要凶中带稳，在其身上拿到更多的分数是最终目的。

5. 紧压一角、突袭空当或追身中路

不断地将球的落点控制在对方的其中一个角落，使对方二人因站位关系产生漏洞，进而抓住机会拿分。

（二）乒乓球双打战术训练

在乒乓球的战术策略中不乏双打比赛的相关方策，因此训练中有针对性的选择方法也非常重要。

1. 发球和发球抢攻的练习

发球和发球抢攻的练习方法主要有以下几种。

（1）运动员反复进行专门的发球练习，提高发球质量和控球能力。

（2）运动员反复进行发球与抢攻相结合的练习。

（3）运动员反复进行发球和发球抢攻的比赛或计分练习。

2. 接发球和接发球抢攻的练习

接发球和接发球抢攻的练习方法主要有以下几种。

（1）两名运动员反复进行二人对练的接发球专门练习。旨在锻炼接发球能力与将球击至规定区域的控球能力。

（2）运动员反复进行接发球抢攻专门练习。单双人陪练均可。

（3）运动员反复进行专门的接发球抢攻比赛或计分练习。

3. 一人对两人的定点训练

定点训练中一人对两人的方法主要有以下几种。

（1）运动员反复进行定点击球练习。

（2）运动员反复进行一点打两点的限制半台区域的练习。

（3）运动员反复进行半台对全台练习。

4. 两人对两人的定点训练

两人对两人需要由陪练方的两名选手加上主练方的两名选手进行组合对练。陪练方两名选手可以按照以下方式进行。

（1）四名运动员反复进行不受击球顺序影响的连续击球练习。

（2）四名运动员反复进行一点对两点练习。

（3）四名运动员反复进行两点对一点练习。

（4）四名运动员反复进行两点对两点练习。

5. 两人对两人的不定点训练

两人对两人的双打战术训练的主要方式之一是不定点训练。

（1）四名运动员不断进行进攻对进攻的练习。

（2）四名运动员不断进行防守对进攻的练习。

6. 双打中的多球训练

多球训练在双打中练习的方法主要有以下几种。

（1）两名运动员使用多球反复进行击打目标练习。

（2）两名运动员使用多球反复进行双打走位练习。

（3）两名运动员使用多球反复进行扩大防守练习。

（4）两名运动员使用多球反复进行双人移动中攻下旋练习。

（5）两名运动员使用多球反复进行双人移动中扑攻练习。

（6）两名运动员使用多球反复进行削中反攻练习。

（7）两名运动员使用多球反复进行接长短球练习。

（8）两名运动员使用多球反复进行正反手削球练习。

（9）两名运动员使用多球反复进行搓中突击转连续攻击练习。

（10）两名运动员使用多球反复进行接发球练习。

（11）两名运动员使用多球反复进行双人移动中两面攻练习。

（12）两名运动员使用多球反复进行轮流发球练习。

（13）两名运动员使用多球反复进行供球击球等的综合练习。

第五章 高校乒乓球运动综合素质教学训练

本章主要内容为高校乒乓球运动综合素质教学训练，分为三个小节，第一节为身体素质训练，第二节为心理素质训练，第三节为运动中的损伤和处理办法。

第一节 身体素质训练

一、乒乓球运动身体素质训练的原则

（一）全面锻炼原则

综合体育锻炼的原则是通过体育锻炼，改善身体形态，提高身体素质，促进人体全面发展。在乒乓球运动中，人体几乎需要所有的身体素质来保证运动过程中的身体需求。因此，相应的体育锻炼应该更加全面。培训原则主要如下。

（1）全面提升既包括了体育素质也包括了身体的综合机能，这些是实现专项运动技能整体水平提升的前提基础。

（2）人体的每个系统都相互驱动和影响。运动素质的发展必然带动整个身体，这就要求在早期训练中采取正确的方法来发展运动素质，注意训练方法是否全面，使人的身体素质得到高水平的全面发展。

（3）为了达到高水平的运动成绩，我们必须在早期训练阶段提高我们的运动质量。

（二）从实际出发原则

该原则的要求是训练要因材施教，针对不同训练基础和能力的运动员应当合理的根据训练目的、项目和时间来进行规划。因此专项训练要有针对性，围绕提高技术水平的最终目标前进，综合且均衡地提高运动员素质。

（三）逐步发展原则

逐步发展是要求有计划、循序渐进地提高锻炼内容、持续时间、锻炼难度以及锻炼负荷等方面。要通过长期锻炼慢慢提升身体的综合素质，以此适应各种环

境变化和比赛强度。

（四）适宜负荷原则

负荷通常指负荷量与负荷强度。运动量的合理安排可以有效促进身体素质的提升，因此符合适宜的负荷量与负荷强度都可以在身体消除疲劳，回复好状态后获得一定提高。

（五）持之以恒原则

体育锻炼是一个长期持久的运动，只有系统的不断坚持运动才能有效地提升身体素质和运动技巧。持之以恒的原则就是要在系统规划运动之后，坚持不断地训练，在青少年时期就可以开始提高水平。

二、乒乓球运动身体素质训练的要求

在乒乓球运动中，其体能方面的训练不仅包括常规的力量、速度、耐力、身体敏感度和柔韧性的训练，更要结合乒乓球运动的独有特色进行全面系统的科学训练。有以下几点具体的要求。

（一）训练前应做好准备活动

体育锻炼应为预防运动损伤的活动做好准备；体育锻炼结束后，进行一些整理活动，以促进康复，并加强医疗监督。

（二）坚持全年系统训练

专项素质训练是结合一般综合体能训练和乒乓球独有的打法特点而整合出的一种训练方式。

（三）训练手段、方法应多样化

随着不断总结和发展，乒乓球的体能训练方法变得更加丰富。因此，为了不使体育训练显得枯燥乏味,使运动员在训练中的积极性最大化，就要注重训练效果，同时保证训练质量，同时考虑采用多样化的训练方法。

（四）科学安排各项体能训练

当前有很多的体育锻炼项目，但是对于乒乓球的体能训练，应根据运动的特点进行选择。乒乓球的技术动作和制胜规则表明，乒乓球这项运动，对于运动员的各项体能都有很高要求，例如速度素质、力量素质以及反应灵敏度等等，专项训练便是帮助提高神经系统的抑制兴奋强度的一种训练，非常有利于专项能力的提升。力量素质可以对应的提升回击乒乓球的质量，在技巧相同的情况下，力量越大的回击球威胁度就越高，而在力量相当的情况下，就是乒乓球技巧性的能力占据决定因素了。所以无论是力量还是速度的专项素质，都是影响比赛胜负的核心要素，需要注意合理的训练结构，将身体素质和技术技巧都包含在训练内容中。

因此需要对乒乓球的体能训练和战术技巧进行宏观的比例调控，同时根据不同运动员的具体情况进行特殊安排和调整，再者还需要在不同的训练阶段按照不同侧重点进行调整才能使得专项训练的效果最大化。

三、乒乓球运动身体素质训练的方法

（一）乒乓球专项力量素质训练

在乒乓球运动员的力量训练中，力量素质受到不同运动员不同动作技术的影响，力量素质包括了爆发性力量、最大力量和速度力量以及耐力等不同方面。因此科学调配训练项目可以有效改善运动员这些方面的能力，最大化地提升运动员专项力量素质。

1. 乒乓球专项力量素质训练的特点

乒乓球具有体积小、击球速度快、旋转性强、球的走位多样等特点，因此乒乓球的大部分技术动作需要由运动员快速移动和手臂摆动手腕挥拍来完成，所以乒乓球对运动员综合身体素质的要求较高，这其中以瞬间的爆发力和身体的力量素质都有着较高要求。

爆发性力量是乒乓球运动中最受重视的力量，作为其训练的重中之重，爆发性力量代表了单位区间的肌肉所能产生的最大力量，因此最有力的训练方式便是使用力量负荷极限的一半左右进行重复训练。

2. 乒乓球专项力量素质训练的方法

（1）运动员在规定练习次数和时间内进行各种徒手的挥拍动作练习。

（2）运动员手持约为 0.5 千克重铁制球拍的各种挥拍动作练习。

（3）运动员自己找好角度发球，并利用弹回的球进行扣球击远练习。

（4）持拍推球练习。包括快推（图 5-1-1）和加力推（图 5-1-2）两种练习方法。

图 5-1-1　快推练习示意图

图 5-1-2　加力推练习示意图

3. 乒乓球力量素质训练的注意事项

（1）力量训练通常是高强度的，所以在进行之前要做好充分的准备。正确选择力量训练内容，明确训练目标，按照循序渐进的原则确定合适的负荷。

（2）在训练中可能会出现一些损伤问题，因此要针对训练损伤制定一些必要的应急措施，使得运动员可以在损伤时获得及时的救助治理。

（3）在乒乓球的力量素质训练中，要同时兼顾全局的训练和局部的训练，这都决定了乒乓球技术中身体各部位协调运动的动作特点，因此要注重整体素质的提升以更好更精准地提升技术。

（4）乒乓球力量训练一般强度较大，因此两天一次的练习更为合理。为了减少身体同一部位过度疲劳的累积，训练应交替进行。

（5）力量训练是一项长期的训练内容，只有这样才能使肌肉力量保持在较高水平。肌肉力量的损失率约为增加速度的三分之一。在这种情况下，运动员需要每周至少进行一次力量训练，以勉强维持运动员的力量水平。

（二）乒乓球专项速度素质训练

乒乓球专项速度是非周期性的，是指包括击球时的挥臂速度，包括重心移动的速度等在内的单个动作速度。这是因为乒乓球运动的特点包括球体小、球体速度快、运动员的动作和移动速度也快，因此运动员想要在瞬息万变的赛事中取得主动权赢得胜利，必须要具备很高的专项速度素质。

1. 乒乓球专项速度素质训练的方法

（1）进行单一或组合技术的徒手挥拍练习，在标准动作规范下单次练习30—60秒，自行规定练习次数。

（2）练习者通过加快多球练习的供球速度从而加快击球速率。

（3）进行 30—60 秒的跳步并步左右移动的相关手步法练习。

（4）进行 30—60 秒的并步交叉步摸球台两角训练。

（5）进行 30—60 秒的推挡、侧身和扑角的手步法练习。

（6）练习者通过击打不同定点和旋转的球进行回击时的反应、移动速度训练。

2. 乒乓球专项速度素质训练的注意事项

（1）乒乓球的专项速度素质训练要选择正确的训练时间，为了使训练效果更好，应选在运动员状态良好的情况下训练。要追求质量而不是单纯用训练数量来获得提升。

（2）乒乓球的专项速度素质训练是一个长期综合的过程，训练的内容应包括多种素质，如敏捷性与爆发性的训练等。

（3）乒乓球的专项速度素质训练应是短期高效的训练，一般单次训练的内容不会超过 20—30 秒，同时练习组数也会加以限制。当运动员的身体状态和精神状态不佳的时候，不宜进行速度训练，产生的效果也不够好。

（4）乒乓球的专项速度素质训练中要注意谨慎使用重物，这项训练中如果涉及重物的使用，其重物标准应该低于力量训练中重物的标准。

（5）设计的专项速度训练的动作与结构应当同专项技术相似。

（6）乒乓球速度素质训练应该采取适当种类的方法，不应太多也不应单一，可以改善训练的节奏频率来使训练的多样化增加。

（7）适当休息，在不同组别的训练中安排好休息放松的时间，让运动员的身体状态得以调整恢复。

（三）乒乓球专项灵敏素质训练

进一步改进动作协调性和准确性可以从灵敏素质训练中获得。灵敏性较差的体现在运动员动作的不协调，如果一个运动员不能随机应变地对身体进行操控、精准控制肢体动作也能说明其灵敏性的缺乏。专项运动中，可以通过正确快速地反复练习动作来提高灵敏性，可以借此练习身体协调性，这也与专项技术中的敏捷灵巧精准相关联。

1. 发展专项灵敏素质训练的特点

灵敏素质是指运动员的反应速度、动作的幅度与协调性等。决定乒乓球运动员灵敏素质的关键就是中枢神经对运动器官的支配能力，从表象上来说就是运动员能否准确速度地完成技术动作。

乒乓球运动是一项高速运动，乒乓球被击打后产生各种各样的变化与轨迹，因此在速度和球性如此复杂的情况下，运动员的全面观察和迅速反应能力就显得尤为重要，并在之后做出正确的击球策略与具体实施，以此来应对不同且复杂的场上变化。

2. 发展专项灵敏素质训练的方法

（1）通过观察预先规定好的手势和哨声，进行快速的前后跑动，或者前后转向跑动以及急跑急停等等。

（2）在观察到信号变换之后，按规定进行步法方面的交替练习。

（3）举办颠球的接力比赛，两队队员分别边颠球边跑向规定目标，然后折返至初始位置将球传递给下一名队员，取最终总成绩，用时短的即为胜者。

（4）练习追逐跑：在托球移动的过程中，通过哨声的变换来改变追击数，一声响则单变双，两声则是双变单。

（5）轮换的击球练习：每组暂定三个人，其中二人站在球台的两端，最后一人在近网处，三人按一定方向进行跑动的轮换击球练习。

（6）进行多球击打比赛：每组暂定两个人，在规定的击球数中，击中球台上放置目标的次数多者即为胜者。

3. 乒乓球灵敏素质训练的注意事项

（1）运动员的灵敏度培养还与自身专注度有关，注意力越集中，对动作的分析能力就越强，也越容易更快做出正确反应。

（2）运动员的灵敏素质培养是一项综合性的培养，是长期过程，很难通过突击性训练产生显著效果，这种拔苗助长的形式反而会对运动员身体产生伤害。

（四）乒乓球专项柔韧素质训练

1. 乒乓球专项柔韧素质训练的特点

运动员的柔韧素质训练会因为年龄差异很有许多不同，这些不同的产生是由于不同年龄段身体发育的特点。

（1）儿童时期（4—5岁）是打基础的时期，这时应当主要针对髋和脊柱进行柔韧训练。

（2）少年期（6—10岁）的七八岁是柔韧水平发育的高峰时期，因此对于髋关节侧侧向活动的训练正是时候，应该充分利用这段时期进行相关训练。

（3）青少年期（13—16岁）这个时期运动的柔韧素质基本不会发生大变化，因此在训练中要对相关运动有所防范，要控制训练强度进而避免运动损伤。

（4）青年期（16岁以上）阶段的运动员和成年运动员的身体发育状况基本相同，所以可以适当加大训练的难度和强度。

2. 乒乓球专项柔韧素质训练的方法

（1）肩关节柔韧素质训练

①压肩练习

运动员在球台前面用双手扶住球台进行压肩的练习。

②双人压肩练习

两人为一组，面对面站立并互相扶对方肩膀，统一节奏进行压肩练习。

③双人背向拉肩练习

两人为一组，背靠背站立，将双手置于头顶后互相拉住，做弓箭步前拉。

④侧向压肩练习

借助肋木，首先侧向面对肋木，用靠近肋木的手握住肋木，另一手握住上部后侧拉。

⑤借助同伴压肩振臂练习

运动员手臂向上举同时坐下，另一名同伴在背后顶住前者背部，然后向后方拉练习运动员的双手，然后再向后拉肩振胸。

⑥正、侧压腿练习

如单人的多方向劈腿练习，可以独立地进行多方向振压，如借助同伴帮助，可以将腿部垫高，并在同伴的帮助下进行下压练习。

⑦棍、绳或橡皮筋转体练习

通过借助木棍或者绳子等进行直臂向前后方向的转肩练习，通过逐渐缩短手的握距而增大练习难度。

（2）腰腹部柔韧素质训练

①挺身起

通过借助肋木，运动员背对并用双手握住肋木，然后提踵屈膝挺身至最大的程度。

②后下屈体

同样的借助肋木，运动员还是背向肋木，向身体正前方挺胸抬头，后握住肋木并逐渐向下移动握持位置，到身体向后屈至最大。

③后倒成背弓

运动员进行屈膝跪立姿势，上体向后倾，使肩部接触地面，挺胸使两手握成背弓姿势。

（3）下肢柔韧素质训练

①正摆腿

借助肋木，运动员一手扶，另一边用外侧腿向上方摆动，绷直脚尖，交替训练。

②屈膝坐侧压腿

运动员将上身挺直，两腿屈膝并将脚掌相对坐下，用手不断向下压膝关节至地面。

③外摆腿

首先站直站立，将手向两侧举平，然后踢出右腿，再向右侧移动至碰到手，进行弧线轨迹的运动，再交替进行。

④侧压腿

上身直立，将两腿分开，以右腿为支点，将身体向下压，右腿屈，压住左腿，循环反复交替。

（4）踝关节柔韧素质训练

①踝屈伸

两脚进行轮流的撑地，两腿提踵支撑，其中一脚屈踝，使全脚掌贴近地面，另一脚提踵，进行反复循环。

②体前屈伸膝、踝

反复进行屈膝，身体向前屈伸，双腿进行伸膝，伸踝和提踵。

3. 乒乓球专项柔韧素质训练的注意事项

（1）循序渐进是柔韧训练中始终保持的原则，不能急于求成加大练习从而导致运动型损伤。

（2）要在规定范围内做动作，不要通过蛮力进行，及时放松肌肉与韧带。

（3）训练时要尽量选择经验丰富的辅助训练者，通过动静结合的方式进行练习。

第二节 心理素质训练

一、心理训练的意义和作用

在当下的体育竞技中，心理状态的训练已经是整个体系中必不可缺的内容之一。心理训练中训练的是一种意识，是有目的的对运动员的心理过程和个性特征进行影响的过程，旨在加强运动员专项运动中需要的心理素质和综合控制水平，最终能够达到使运动员发挥自己最高水平的目的，从而取得最优成绩。

大量的体育实践证明，运动员的心理状态对其身体机能和技战术水平的发挥有很大的影响。这在高水平比赛中尤其如此，因为比赛结果更受追捧。例如，运动员在训练中力量过剩，但在消极心理的影响下，可能会失去力量，而力量显然是运动员在比赛中表现出来的，而良好的心理素质使运动员即使面对一个比自己更强的对手，也会在积极心理的刺激下超常发挥。

心理训练最主要的目的便是让运动员的心理状态保持稳定，在形成良好心理特征之后，可以将心理能量的储存水平提高，使运动员更加适应比赛的需求，是取得优秀成绩的心理基础。心理训练的主要作用包括下面几点。

（一）提高心理活动水平

心理状态的控制训练对于乒乓球运动员来说是非常重要的一环训练内容，心理状态直接影响了运动员比赛时能力水平的发挥，一些心理状态控制能力较弱的运动员，在比赛时会因为不稳定的心态变化而导致技术动作不达标，这样即使战术策略正确也很难取得出色的成绩。因此借助心理训练来提升心理活动的控制水平对运动员有极大帮助。

（二）提高心理活动强度

稳定的心态并不是沿着一条直线，而是沿着一条平滑的曲线上下波动。因此，参赛运动员的心理活动强度在比赛中非常的重要，心理活动强度是实现技术动作的一个主导性因素，但是这个强度需要一个平衡点，过高或者过低都会对比赛的发挥产生影响，因此运动员需要经过一定的训练来保持心理活动强度的平衡点来使自己有一个最佳的发挥。

（三）有利于消除心理障碍

心理训练具有双向性，表现在其既可以使运动员的心理健康发展，顺应比赛节奏等，同时又能及时消除内心的消极因素，使运动员在比赛期间不受负面心理的影响。任何新技术都应在比赛中得到系统的测试检验，开始不能精准地掌握这些技术安排，因此可能会导致许多错误，这是很正常的。然而，一些心理素质较差的运动员开始怀疑他们所练习的技术的可信度，随着时间的推移，他们不敢在比赛中使用这项技术，或者即使他们使用了这项技术，也依然认定其失败率高，从而因为不可靠而产生心理阴影，这时就需要用特殊的回复医疗手段来解决心理问题而非用专项体能及技术训练代替解决，更不能靠运动员自然恢复，可见及时用心理方法解决问题是必要的。

二、乒乓球运动心理训练的内容

乒乓球这项运动具有非常典型的技能型特点，无论是对运动员的运动技能还是对其身体素质和智力等方面都具有很高的要求。乒乓球的球体本身具有轻量、体积小、速度快、球体旋转方式多以及专业技术要求高超等特点。同时在比赛中，竞赛的氛围是十分紧张的，选手的注意力通常都非常集中，稍有不慎便会在分数上有所体现。因此这样的比赛中可以充分地将运动员的技术能力、心理素质和战略战术发挥出来，对于运动员本身来说，其需要有强大且稳定的心态，需要有坚强勇敢的意志力和机敏的临场反应能力以适应比赛的需求。这样的心理训练需要经过长期的过程，同时这样的能力训练也是长期的，所以要遵循综合型的训练原则来进行练习。

无论是生活训练还是比赛训练都极为重要，不能使二者的比例失衡，因此为了巩固训练的效果，需要将两种训练相结合。心理训练的内容包括下面几点。

（一）精确的运动知觉

运动知觉对于乒乓球运动员而言有十分重要的作用，只有具备较好运动知觉的乒乓球运动员才能更好地掌握各种动作，并拥有良好的空间定向能力。从某种意义上来讲，乒乓球运动中的击球的拍形、击球力度、击球点以及运动员运动步法均受运动知觉的影响，且二者呈正相关关系。运动员在长期的训练和比赛中可以不断提升球感、时间感，这可以帮助运动员精准掌握乒乓球的旋转、速度以及落点。在这种感知觉的作用下，运动员可以最大程度上将自身技术发挥出来，从而更好地控制来球，这对乒乓球专项运动有十分重要的意义。

（二）注意力的稳定性与转移能力

心理活动的指向性和集中性是注意力的两大基本特征，对于乒乓球运动员而言，他们的注意力需要具有稳定性和转移能力。其中注意力的稳定性主要是指一个人可以持续地将自己的注意力集中在某件事或物上面。众所周知，乒乓球运动是一项攻防转换速度较快的体育运动项目，这就要求运动员具有较高的注意力，能够持续将注意力放在比赛中，从而准确观察、判断乒乓球运动轨迹。除此之外，乒乓球运动员的注意力不仅要具有稳定性，同时也要有一定的转移能力，能够合理转移自身注意力，从而不受赛场上其他因素的影响，如观众、裁判等。

（三）良好的思维敏捷性和灵活性

思维训练是乒乓球运动员心理训练内容的重要组成部分，在训练运动员思维过程中，应着重敏捷性与灵活性的训练。通常情况下，乒乓球运动员思维敏捷性与灵活性主要表现在比赛中处理问题的反应速度。乒乓球运动是一项比赛节奏快的运动项目，在比赛中瞬息万变，为此运动员在比赛中要学会分析对手的心理动态及其技战术特点，并在分析结果的基础上采用正确的应对方式，做到扬长避短，掌握比赛的主动权。在比赛中对手会随时改变之前的战术，在面对这一情况时运动员要采用灵活的思维方式，积极转变战术，从而适应对手的打法，这便是思维灵活性，通常情况下也被称之为"应变能力"。从某种意义上来讲，运动员的比赛应变能力与后天训练有密切关系，通过训练可以不断提升运动员的比赛应变能力以及战术素养，这对运动员掌控比赛节奏，获得比赛胜利有至关重要的作用。

（四）稳定的情绪和控制能力

情绪是人的一种心理行为，它是对客观事物的一种映射，通常情况下人的情绪受周围环境的影响，即随着环境的改变，人的情绪也会随之发生变化，不同的人对情绪的控制能力也各不相同。通常情况下能够很好控制自身情绪的运动员，在比赛中往往表现的喜怒不形于色，即使在赛场上比分落后，也难以从他的表情中看出其心理活动，反之情绪控制能力较差的运动员，他的表情会随着比分的领先与落后而发生相应的变化。通常情况下，情绪能够在一定程度上左右运动员在比赛中的技战术发挥水平。

总体上来讲，乒乓球运动员应当具有稳定的情绪和情绪控制能力，并在赛场上保持积极乐观的心态，这对于激发运动员的技战术能力有十分重要的作用，也是运动员制胜法宝之一。面对瞬息万变的比赛，乒乓球运动员需要具备较好的应激能力，摆脱比赛中的各种不利因素，从而掌控比赛节奏。

（五）坚强的意志品质

意志主要指的是人为了完成自己的既定目标而不断克服行为过程中种种困难的心理过程，而意志品质则反映的是意志行为过程中不同阶段的行为特征。通常情况下意志品质的高低决定了一个运动员的逆转能力。在双方技战术实力相当的情况下，在比赛中难免会出现领先与落后的局面，在面对落后局面时，运动员是否能够逆转局面在很大程度上受意志品质的影响，意志品质高的运动员的逆转能力较强，反之逆转能力较弱。运动员的意志品质受后天训练的影响极大，通过不断训练可以磨炼运动员的意志品质。例如，刘国正在 2001 年世乒赛半决赛中挽救 7 个赛点，最终成功逆袭，战胜韩国金泽洙，这场比赛不进成就了刘国正，同时也体现了意志品质对乒乓球运动员的重要性。

三、常用的乒乓球心理训练方法

关于运动员心理训练，主要是为了提升运动员在比赛中的心理素质水平，使运动员能够掌握各种方法与技巧科学管理自己的心理，最终在赛场上将技战术水平发挥至极限。

我们要认清乒乓球运动员之间的差异性，不同的运动员的心理素质水平也各不相同，运动员心理训练方法也会因人而异，为此在对乒乓球运动员进行心理训练时，应当采用针对性较强的心理训练方法，以此获得最佳心理训练效果。除此之外，在对乒乓球运动员进行心理训练时，还应当充分认识到心理训练是一个长期而艰巨的工作，在针对乒乓球运动员制定心理训练方法时，应当注重心理训练方法的延展性及渗透性，将心理训练方法融入运动员的比赛、训练以及生活之中。通常情况下，乒乓球运动员训练方法主要有以下几种。

（一）表象训练

表象训练法主要是采用"重现"的方式，将原本已经成形的动作重现于运动员脑海之中，在表象训练法下运动员的"暂时神经联系"得以恢复，它是运动员形成条件反射的神经机制，这对乒乓球运动员形成精准的运动知觉有积极作用。通过表象训练，运动员的动作逐渐变得娴熟，正确的动作姿势得以巩固，这在无形中增强了运动员的自信心，从而减少运动员比赛中焦虑等负面心理。

为了逐渐提升运动表象、想象对乒乓球运动员技术动作形成中的作用，在选择心理训练方法时可以采用表象训练法。表象训练法主要有以下特点：运动员通过回忆将之前的动作呈现在表象之中，而后结合动作表象不断练习技术动作，运动员经过反复的动作练习会加深对技术动作概念的理解。表象训练法的成功运用还应当注重日常训练，在日常训练中教练员应引导乒乓球运动员对自身成功技战术进行深入感知，如动作要领、动作结构等。例如运动员的某一还击动作做得十分到位，教练员可以引导运动员体会此球的站位、动作发力、肌肉感觉等等。通过不断审视之前的成功动作要领，在一定程度上可以帮助运动员熟练掌握各种正确的技战术，并提升运动员的比赛稳定性。从以上分析中可以看出，表象训练法是一种体脑结合的训练方法，具有较高的科学性，与此同时表象训练也是一种自我训练方法，对提升运动员技战术水平有重要作用。

（二）模拟训练

模拟训练是一种采用模拟方式对比赛情境进行全面模仿的训练方法，通过模拟训练能够快速帮助运动员在比赛前适应比赛氛围。模拟训练方法运用的成功与否，在很大程度上取决于模拟环境的设置，所模拟的训练环境要与比赛真实环境高度相似，然后在此基础上针对运动员采用个性化训练方法，以此来提升运动员的赛前适应能力，并使其在比赛中能够正常发挥技战术水平。

大量实践证明运动员在同等技战术水平的前提下，那些经过大量模拟训练的运动员在比赛中能够表现得更加稳定，这主要是由于他们在赛前通过默念训练逐渐熟悉了比赛环境，为此在心理上有更加充足的准备。乒乓球运动模拟训练所涉及的内容范围较广，在实际模拟训练过程中不仅要对比赛环境进行模拟，同时还要考虑其他众多因素，如比赛场地器材、观众噪音、比赛符合等，总之与比赛相关的一切因素均要加入模拟训练当中。此外，在进行乒乓球运动模拟训练时，还要对比赛过程中不同阶段进行模拟，如大比分落后、大比分领先。从具体上来讲，模拟训练方法的使用需要注意以下几点。

1. 模拟对手特点

通过收集、分析对手的各种比赛信息，如技战术、比赛风格等，然后模拟对手这些数据信息，使运动员更快适应对手、适应比赛，进而提升运动员在比赛中的自信心。目前此种方式是我国乒乓球运动员进行模拟训练的主要方式之一。

2. 模拟预知的比赛局面

由于乒乓球运动攻防快速转换的特殊性直接决定了乒乓球比赛具有瞬息万变的特点，而这一特点也是乒乓球运动的魅力所在。乒乓球运动员想要在比赛中获得较好的成绩，需要掌握更多应对比赛情况的方法。在模拟训练中对比赛中可能出现的情况进行模拟，如球拍开裂、裁判误判、比分领先与落后等各种比赛局面，通过训练来不断提升运动员在面对这些问题时的随机应变能力。

3. 模拟赛场气氛

训练和比赛之所以存在区别，在很大程度上取决于比赛环境。部分运动员在比赛环境中，受到各种因素的影响会不同程度上产生恐惧、焦虑等不良反应。为此在模拟训练中要还要加强对赛场气氛的模拟，尽可能营造出与比赛相同的赛场气氛，如组织、安排观众观看运动员训练，或在训练场馆播放比赛时场上观众的欢呼、唏嘘声，抑或是在训练中使用该届比赛规定的球台等。

（三）意志训练

意志训练主要是对乒乓球运动员进行意志方面训练，并最终提升运动员心理素质的训练方法。通常情况下，教练员在对运动员进行意志训练时主要采用两种方式，一是引领运动员不断克服日常实践中出现的种种困境，二是教练员针对不同的运动员制造不同的难题，并使其成功克服。从具体上来讲，意志训练法主要有以下几种方法。

1. 鼓励法

队中意志坚定的队员通过表扬的方式方法向队员介绍乒乓球运动员的励志事例，如他们是如何在顽强意志下战胜对手取得比赛胜利的，从而引导队员学习模仿他们，进而不断培养自身坚定的意志。

2. 诱导法

兴趣对于提升运动员训练效果有积极作用，所以在意志训练中可以采用诱导法让运动员对某一训练手段产生兴趣，并在此基础上将训练与运动员的事业心和责任心连接在一起，逐渐让运动员在训练实践中提升自身意志水平。

3. 刺激法

刺激法主要是通过大量高强度训练来刺激运动员，使运动员的意志在大量高强度、高密度训练中得到磨炼，尤其是在运动员疲劳状态下采用此种训练方法可以快速提升乒乓球运动员的意志水平。

4. 强制法

强制法主要建立在教练权威基础上，教练的命令对于运动员而言有着不可违抗的作用，无论运动员是否乐意，他们必须在规定的时间内保质保量地完成教练员规定的训练内容，运动员的意志品质会在完成教练员规定的训练任务中得到提升。除此之外，运动员意志品质培养的关键点在于运动员自身，只有运动员主动并渴望培养意志力时，其训练效果才会达到最大化。

（四）心理调节训练

通常情况下，大部分运动员在比赛中心理变化比较明显且容易受外界因素的影响，如赛场上观众的气氛、比分、关键局等，而这些因素在无形中会影响运动员的正常发挥。在这种情况下对运动员的心理素质有较高要求，需要运动员采用科学方法调节心理变化，以最好的状态迎接比赛。在实际训练和比赛中，运动员可以采用不同的暗示方法将注意力转移到技战术方面，从而最大程度上降低外界所带来的负面影响。例如，在训练或比赛中合理利用规则来控制比赛节奏，当运动员在比赛中受外界因素影响而产生心理波动时，合理使用暂停机会控制比赛节奏，在与教练分析自身技战术的基础上平稳自身情绪，从而在接下来的比赛中保持良好心态，扭转战局。从某种意义上来讲，对运动员进行心理调节训练的最终目的是帮助运动员建立战胜对手的信念，使运动员在比赛中保持积极向上的心态，然而这种信念的调节要建立在实事求是的基础上，过高或过低都不利于运动员心理素质提升。另外，心理调节训练的方法主要是以激励为主，所以在日常训练中应当结合可能遇到的情况合理使用激励手段，从而使运动员学会自我心理调节。

第三节　运动中的损伤和处理办法

一、乒乓球运动损伤的定义

乒乓球运动损伤主要指的是运动员在参与乒乓球运动过程中出现的各种损伤总和。通常情况下，运动员之所以发生运动损伤往往受多方面因素的影响，如教练训练水平、训练强度、运动员自身以及训练环境等。从某种程度上来讲，运动损伤不仅影响了运动员正常水平的发挥导致其比赛成绩不理想，还对运动员自身身体健康产生无法挽回的损失。为此在训练和比赛中，运动员应当充分认识运动损伤，最大程度避免运动损伤的产生。

二、乒乓球运动损伤的分类

按照不同的划分标准可以将乒乓球运动损伤划分为以下几大类。

（一）根据损伤程度分类

第一，轻度损伤。通常情况下，我们将运动员受伤之后仍然不影响自身正常生活以及训练的损伤归为轻度损伤。

第二，中度损伤。一般情况下中度损伤主要表现为运动员受伤之后无法参加日常训练，通常情况下需要适当减少训练量或者在一段时间内停止训练。

第三，重度损伤。所谓重度损伤主要表现在运动员在受到伤害之后无法正常活动，需要较长时间修养或者通过手术治疗恢复。

（二）根据皮肤或黏膜是否完整分类

第一，闭合性损伤。所谓的闭合性损伤主要指的是运动员受伤部位的皮肤或者黏膜并未受到破坏，仍然保持完整状态，如脱臼、扭伤等。

第二，开放性损伤。此种损伤类型与闭合性损伤相反，运动员身体受伤部位的皮肤及黏膜受到了明显的破坏，通常情况下伴有血液流出，如擦伤、割伤等。

（三）根据是否为技术损伤分类

第一，运动技术损伤。乒乓球运动含有较高的技术，而运动技术损伤往往与乒乓球运动技术相关。

第二，非运动技术损伤。此类运动损伤与乒乓球运动技术无关，通常情况下是在运动训练中发生意外受到的伤害，如骨折、韧带拉伤等。

（四）根据损伤的组织结构分类

第一，神经组织损伤。此类运动损伤主要包括压迫损伤、周围神经牵拉等。

第二，软组织损伤。此类运动损伤主要包括以下几种类型，如肌肉组织损伤、韧带组织损伤、皮肤组织损伤等。

第三，关节软骨损伤。此类运动损伤主要包括以下几种类型，如关节软骨损伤、创伤性关节病。

第四，骨组织损伤。此类型运动损伤主要表现在身体各个骨关节，如撕脱骨折、螺旋骨折等。

第五，其他损伤。如内脏器官损伤、颅脑损伤等。

三、乒乓球运动损伤的特点

乒乓球运动损伤特点与乒乓球运动特点有一定的联系，乒乓球运动速度快、动作结构复杂，运动员在训练比赛中会做到各种不同的技术动作，虽然运动员只需要在一定范围内运动，但是部分动作结构复杂，这也导致运动员运动损伤的发生概率提升，通常情况下乒乓球运动损伤主要表现为以下几种。

（一）乒乓球运动损伤的主要部位

受乒乓球运动特点的影响，乒乓球运动员最易发生运动损伤的身体部位是腰部。首先，腰部作为乒乓球运动员的核心力量区域，对运动员动作技术的施展有重要作用，在训练和比赛中无论是正反手发球，还是接球、扣杀都需要利用腰部力量。其次，在比赛中乒乓球运动员要经常保持身体前倾的姿势，而在这种姿势下运动员的骶棘肌始终处于收缩状态，这对腰部有一定的伤害，加之部分运动员在比赛或训练之后未能对骶棘肌进行有效放松，久而久之容易产生腰部损伤。最后，乒乓球运动员在比赛中经常会使用拉弧圈球的动作技术，运动员在施展此动作时腰部两侧肌肉所承受的负荷不同，长时间会因为腰部两侧肌肉力量不平衡而引起腰部损伤。

膝关节损伤是当前乒乓球运动员运动损伤发生概率排名第二的身体部位，这同样与乒乓球运动特点有莫大关系。运动员在训练和比赛中需要不停地移动脚步，且运动员在训练和比赛中膝盖长时间处于弯曲状态，在这样的状态下膝盖部位的韧带和肌肉承受了大部分的重量，从而诱发膝关节运动损伤。另外，运动员膝关节在半屈状态下做各种动作时，关节软骨所受到的压力负荷也会明显增加，稍有不慎就会引起运动损伤。

另外，肩关节损伤也是乒乓球运动损伤最常见的身体部位之一。从关节构造结构来看，人体的肩关节是典型的球窝关节，它主要是由肱骨头和肩胛骨关节盂构成。从灵活程度来看，肩关节是人体最灵活的球窝关节，可以做各种旋转动作。但是由于肩关节的特殊性，其关节头和关节窝的接触面积相差较大，这也使肩关节囊较薄，也表现得比较松弛，所以当运动员肩关节在运动时容易受伤。在乒乓球运动中"扣杀"动作是得分利器，整个扣杀动作力量速度从脚底依次传递至手臂，而手臂作为动作末端环节，其力量和速度均达到了极致，这是肩关节承受了较大的压力，而乒乓球运动员无论是在训练还是在比赛中要长时间做扣杀动作，这使得肩关节不停做负荷旋转，最终导致肩关节出现损伤。

（二）乒乓球运动的损伤病种及患病率

当前乒乓球运动员在运动中发生的损伤病种较多，如腰间盘突出、膝关节损伤、踝关节损伤等，乒乓球运动员应当对这些运动损伤病种有一个清晰的了解，在充分了解掌握这些损伤病种的基础上做好各种训练比赛防范措施，尽最大可能减少各种运动伤病。

（三）不同类别运动员的损伤情况分析

通常情况下来讲，可以将乒乓球运动员划分为三类：一是专业运动员，二是体院专项运动员，三是少体校运动员。由于这些运动员的运动水平以及训练水平有明显差异，所以不同类型的乒乓球运动员运动损伤也有所不同。

首先，专业运动员。作为专业运动员，他们的训练强度较大，在长期高负荷的训练下，此类运动员最易发生疲劳性损伤。另外，为了进一步提升此类运动员的技战术水平，他们的日常训练强度也较大，在高强度的训练环境中，运动员身体中会产生大量乳酸，从而导致肌肉酸痛，与此同时也会影响运动员的韧带、关节以及肌肉的伸展性，如果运动员得不到有效放松，会增加运动损伤发生的概率。

其次，体院专项运动员。此类运动员无论是在训练时间，还是在训练强度上都与专业运动员有明显差距，所以他们在运动中发生运动损伤的概率也明显小于专业运动员，通常情况下此类运动员的运动损伤主要集中在训练中意外受伤，如擦伤、扭伤等。除此之外，此类运动员也会由于未能做好准备活动而发生轻微拉伤。

最后，少体校运动员。相较于前两者，少体校运动员的运动强度较低，另外由于此类运动员的生理特点，他们正值身体快速发育阶段，自身恢复功能较强，不易产生疲劳，但是此类运动员的肌肉耐力略显逊色。从少体校运动员的训练内容来看，此类运动员主要以基本技术动作训练为主，通常情况下教练员往往采用动作重复训练的方法，在这种训练环境下，运动员身体的局部位置会因为过度负荷而发生运动损伤，如长时间练习抽球动作。

（四）乒乓球不同打法与运动损伤的关系

随着乒乓球运动的发展，出现了各种新的技术动作，这对提升乒乓球运动员技术水平起到了关键性作用。然而凡事都有两面性，乒乓球技术动作的创新，在一定程度上也增加了运动损伤的发生概率，尤其是那些高难度技术动作。就当前乒乓球技术打法来讲，主要有削球型、快攻型以及弧圈型，每种打法都有其运动特点，同时也直接决定了运动损伤发生类型。

1. 弧圈型打法

弧圈型打法运动员往往距离球台较远，并在击球时加大击球幅度，从而使球获得更大的旋转。一般情况下，此类打法运动员的运动损伤易发部位是躯干和上肢，尤其是肩部和腰部。从某种程度上来讲，一个运动员打出的弧圈球质量高低取决于运动员的腰部力量，如果运动员握拍方位的腰腹力量不足，在击球时容易发生腰部扭伤。另外弧圈型球员在拉弧圈球时手臂所做的动作呈内弧线状，而肩关节作为会动手臂的中心轴，所以运动员的肩部承受了绝大部分压力，这也是弧圈型球员肩部容易发生运动损伤的原因之一。

2. 削球型打法

削球型打法是目前乒乓球运动员经常使用的打法之一，通常情况下此种打法需要配备特殊的球拍，该类型球拍的正面一般采用弹性好且胶皮软的反胶，而球拍的反面通常是长胶。另外，使用此种打法的运动员往往具有较高的技术水平，这主要是削球型打法变化多端，可以将更多的技战术运动到比赛之中，同时也能够应对各种来球。采用削球型打法运动员的运动损伤常发部位是躯干和下肢，尤其是腰骶部和膝关节。这主要是由于此类型打法特点决定的，运动员在使用此种打法时需要长时间采用半蹲姿势，这样运动员的膝关节所承受的压力便增加，加之在比赛中运动员需要不停地来回跑动，这进一步加重了膝关节负担。此外，削球型运动员在训练比赛中需要通过腰部扭动来带动身体做出各种击发球动作，如果运动员的腰部柔韧性较差，则极易发生损伤。

3. 快攻型打法

快攻型运动员追求击球速度，此类打法通常情况下距离球台较近，击球引拍动作幅度较小，运动员在击球时需要将大臂夹紧，然后利用腰部力量来击球。从具体动作处理上来讲，此类打法运动员面对不同来球其处理方式也不同，如面对上旋球时需要压拍，而下旋球则要立拍。通常情况下快攻型打法运动损伤的易发部位是上肢，尤其是肩部和腕部。此类型运动员在训练和比赛中施展扣杀动作时需要将全身力量集中在上肢，通过臂、腕来打球，这需要运动员有较强的力量，在整个扣杀动作中运动员的手臂承担着杠杆作用，稍有不慎会导致运动员的肩部受伤。另外，快攻型打法对运动员手腕的灵活性要求较高，如果运动员手腕灵活性不高，在击球过程中很容易受伤。

从以上的分析中不难看出，不同类型打法的运动损伤主要发生部位也有所不同，其中弧圈型打法运动损伤主要以躯干、上肢损伤为主，削球型打法运动损伤主要以躯干、下肢损伤为主，快攻型打法运动损伤主要以肩部、腕关节损伤为主。为此运动员应针对不同打法做出相应的损伤预防措施，尽最大可能降低运动损伤发生概率。

四、乒乓球运动损伤的原因

虽然乒乓球运动的运动范围比较小，也没有明显的身体对抗，但是运动员需要在较小范围内做快速运动，这对运动员身体是一种无形冲击，如果超过运动员身体负荷，极容易使运动员关节发生损伤。乒乓球运动员在日常训练和比赛中经常会发生损伤，如软组织损伤、扭伤、碰伤、脱臼等。而运动损伤的发生并非偶然，通常情况下乒乓球运动员运动损伤的原因主要有两种类型：一是直接原因；二是潜在原因。

（一）乒乓球运动损伤的直接原因

1. 内部因素

（1）运动员自身状态不好

①身体因素。所谓的身体因素通常情况下指的是运动员的身体情况，如运动员身体的肌肉力量、韧带柔韧性、身体协调性以及关节灵活性等。

②心理因素。所谓的心理素质通常情况下指的是运动员的心理素质状态，尤其是运动员在训练、比赛中的心理活动情况，如积极兴奋、焦虑恐慌等各种正面、负面情绪，这些心理因素不仅会影响运动员的技战术发挥水平，同时也与运动损伤有直接关系，如运动员在比赛中出现过度紧张焦虑的心理，各种技术动作很难完成，技术动作不标准在一定程度上增加了运动损伤发生的概率。

（2）缺乏运动自我保护意识和相关措施

①自我保护的意识

自我保护意识对于运动员而言具有十分重要的作用和意义，它能够很好地保护运动员，使其在训练和比赛中远离运动损伤。通常情况下，运动员自我保护意识是在日积月累的训练、比赛中形成，自我保护意识不仅可以保护运动员免于受伤，同时也是一个运动员对球队和国家负责的重要表现之一。

②自我保护的动作

自我保护动作与自我保护意识的形成相似，它也形成于日积月累的训练和比赛中。从具体上来讲，运动员自我保护动作是运动员通过对运动特点进行深入研究与分析，从而结合自身制定出一套自我保护的技术动作，通过自我保护动作可以最大程度上使运动员避免运动损伤，或降低运动损伤程度。

③自我保护的护具

护具作为一种自我保护辅助工具，它可以很好地保护运动员的关节软骨、肌肉等，从而降低运动损伤发生概率。目前大部分运动员都会选择一些自我保护护具，并以此降低自身运动损伤程度。

2. 外部因素

（1）准备活动不充分

在运动前做准备活动对于预防运动损伤有积极作用，准备活动旨在帮助运动员在比赛前打开各个身体机能，并使其能够适应高强度的运动。通常情况下，准备活动的作用主要表现在以下几个方面：第一，"三高"。运动员身体体温升高、运动员身体内酶的活性提高、运动员骨骼肌代谢提高。第二，通过准备活动，运动员身体肌肉内的毛细血管扩张，从而最大程度上使肌肉获得氧气和营养物质，降低运动损伤发生概率。第三，准备活动之后，运动员的神经发射速度提升，与此同时肌肉收缩速度也得到加快。

虽然准备活动可以有效预防运动损伤，但是也要注意准备活动的科学性，切勿过度，这不仅不能打开身体机能，同时也会给身体带来伤害。目前运动员在准备活动中往往出现以下几种不合理的情况：第一，敷衍了事。部分运动员对准备活动认识不充分，所以在做准备活动时敷衍了事，准备活动的各种动作草草了事，导致身体肌肉未能打开，在比赛高强度负荷下，身体很容易发生拉伤。第二，准备活动过量。部分运动员在做准备活动时，往往担心准备活动的力度不够，不能很好打开身体机能，为此做大量的准备活动，导致其在未上场前出现疲劳，在高强度比赛环境下更容易产生疲劳性损伤。第三，准备活动不够合理。部分运动员在做准备活动时缺乏针对性，从而导致身体主要部位机能未能打开，当进入比赛后极容易发生运动损伤。

（2）训练水平不够

①身体训练不足

通常情况下来讲，运动员身体训练内容主要包括力量、速度、柔韧、耐力等，运动员只有具备良好身体素质才能降低运动损伤，反之运动员身体训练不足，身体素质不佳，便极容易产生运动损伤。

②专项技术训练不够

乒乓球运动员对专项技术掌握情况在一定程度上影响了运动损伤发生概率。如果乒乓球运动员的专项技术掌握不好，其技术动作也很难做正确，在错误技术动作的影响下，运动员极容易发生运动损伤。

③战略战术训练不足

部分乒乓球运动损伤的发生在一定程度上受到了战略战术训练不足的影响。战略战术训练主要是对运动员进行综合应对能力训练，如果对乒乓球运动员战略战术训练欠缺，在一定程度上会增加运动损伤发生概率。

④心理素质训练不足

从上文分析中我们不难发现心理素质不仅是保障乒乓球运动员技战术正常发挥的因素，同时也在一定程度上是预防运动损伤的因素，然而运动员在心理素质不高的情况下极容易发生运动损伤。

总而言之，运动员训练水平是影响运动损伤的关键原因之一，为了使运动员远离伤病困扰，就需要不断提升运动员训练水平，并在此基础上逐渐提升运动员身体素质。

（3）违反科学训练原则

运动员训练要遵循科学性原则，只有在科学训练原则指导下进行训练，运动员的身体素质和技战术水平才会得到提升，与此同时也能够降低运动损伤发生概率。但是在现实训练中，部分乒乓球运动员违反科学训练原则，从而致使运动损伤的产生。

（4）缺乏医务监督

医务监督也是影响运动损伤的因素之一，运动员在进行训练时有必要进行适当的医务监督。通过医务监督，队医可以根据监测数据为运动员做出正确的身体评估，并根据运动员身体评估报告做出适当的训练调整，如当运动员身体存在疾病隐患时，可以适当减少训练强度或者暂停训练，督促运动员及时就医，从而将运动损伤程度降到最低。除此之外，医务监督也可以及时为运动员缓解疲劳。但是，目前乒乓球运动医务监督体系并不完善，这在无形中增加了运动损伤发生概率。另外，部分地区乒乓球运动在日常训练中缺失医务监督，无法对运动员身体机能进行实时监测，从而导致训练无法做到灵活变动，进而出现运动损伤。

（5）气候环境与场地不佳

①气候环境因素

气候环境因素在一定程度上也可以影响运动损伤，这主要是由于气候环境可以直接影响运动员训练情况。例如，在炎热的夏天，高温在无形中影响着运动员训练情况。运动员在高温环境下，身体水分和盐分流失速度增加，如果运动员不能及时补充水分和盐分，其身体机能将会快速下降，极容易出现四肢抽搐的现象。另外，在寒冷的环境中，运动员身体肌肉由于受冷空气影响，容易产生肌肉僵硬的现象，如果准备活动做得不到位，将会增加运动损伤发生概率。

②场地装备因素

场地装备也是影响运动损伤的关键因素之一，如果运动训练场地出现积水，那么运动员在训练中极容易发生滑到，从而发生膝关节损伤、骨关节扭伤等。又如场地地面材质过硬，运动员在训练中会容易产生关节韧带损伤。

（二）乒乓球运动损伤的潜在原因

从人体结构角度来讲，每个人的身体都存在薄弱环节，在日常生活中表现的并不是十分明显，然而在高强度训练比赛中这些薄弱环节将会被无限放大，也正是这些薄弱环节给运动员带来了安全隐患。而这些因素可以统一归结为潜在因素。通常情况下，导致运动损伤的潜在因素主要有以下几种。

1. 乒乓球技术对运动损伤的影响

从上文分析中可以看出乒乓球运动是一项攻防转换快、技术多样、移动速度快的体育运动项目。运动员在运动中的每一个动作都会在不同程度上给身体带来影响，当身体的某一部位负荷过大时就会产生运动损伤。

另外乒乓球运动是一项技术动作复杂的运动，其具体包含了打法、步法、身体协调动作。从具体上而言，打法主要指的是运动员的各种击球动作，如削球、推挡、扣杀等，这些动作与人体的肩关节、腕关节有着密切关系。而步法则主要指的是运动员在训练和比赛中下肢以及脚步的移动情况，而步法与运动员的髋关节、膝关节、踝关节息息相关。另外，身体协调动作主要表现为运动员在运动中身体各部位的协调性。也正是由于乒乓球运动技术动作的多样性，所以运动员发生损伤的部位多为腰部、肩部、膝部，在日常训练中应当加强对这些身体部位的保护。

2. 人体解剖生理学特点对运动损伤的影响

站在人体解剖生理层面来看，人的某些部位十分脆弱，但是其所在位置却十分关键，如肩关节。肩关节作为人体的重要组成部分，其内部结构较为薄弱，在长时间的运动下，极容易发生运动损伤。又如踝关节，运动员在运动中，踝关节不仅要承受运动员整个身体的重量，还要额外承受各种扭动压力，如果压力过大很容易产生损伤。

从宏观角度来讲，人体结构构造具有一定的特点，同时乒乓球运动也具有一定的特点，这也使乒乓球运动损伤特点变得有规律，如果掌握这些特点与规律在一定程度上可以预防运动损伤，同时也对运动损伤的治疗、康复有积极作用。

五、乒乓球运动损伤的预防

伤病对于运动员而言有着毁灭性打击，虽然运动员都不愿意与伤病扯上关系，但是在现实中伤病是每个运动员的家常便饭。运动损伤的预防在运动员日常训练和比赛中具有十分重要的作用，而运动损伤预防的前提是充分了解运动损伤，通过不断总结伤病经验，来提升运动损伤预防水平。通常情况下，运动损伤预防可以从以下几个方面出发。

（一）保持身体的良好状态

良好的身体状态是预防运动损伤的前提与基础，同时也是预防运动伤病的最佳方式，运动员只有在保持良好身体机能的情况下才能提升自身免疫力和身体代谢功能，从而使疾病远离自身。从具体上来讲，运动员良好身体状态调节方法有以下几种：第一，加强身体基础训练，如力量素质训练、速度素质训练、柔韧素质训练以及耐力素质训练等，以此来全面提升自身身体机能。第二，加强自我管理，提升自我保护意识，并在此基础上积极调整自身心态，保持积极向上的心态。

（二）重视运动前的准备活动和运动后的整理活动

1. 准备运动

赛前准备活动具有十分重要的意义，运动员通过准备活动不仅可以全面打开身体机能，使全身各个器官适应比赛环节，同时还可以在一定程度上消除运动员紧张、焦虑的情绪。如果运动员不能做好准备活动，其身体、心理状态都会受到影响，从而在比赛中产生运动损伤。

为此无论是在训练前还是在比赛前，运动员都要进行充分的准备活动，而且这些准备活动务必要和比赛内容相关，这样才能打开身体的关键部位。从具体上来讲，准备活动可以细分为一般准备活动和专项准备活动两种类型。对于乒乓球运动员而言，在赛前不仅要做一般准备活动，也要做专项准备活动，通常情况下运动员先做一般准备活动，然后做专项准备活动。

2. 整理运动

整理运动又被称之为放松活动，它与准备活动遥相呼应，对预防运动损伤同样有积极作用。通常情况下运动员在进行剧烈运动之后可以通过进行一系列准备活动来缓解身体疲劳，同时实现全身肌肉的放松。一般情况下整理运动包含了以下几种，如慢跑、拉伸活动、牵引活动。例如运动员在进行高强度运动或比赛之后，通过慢跑的方式可以在一定程度上使呼吸系统保持活跃状态，进而实现人体氧气的补充，与此同时运动员通过慢跑的形式，也在一定程度上可以加快血液循环，提升人体代谢速度。另外，通过拉伸、牵引等准备活动，可以使运动员的肌肉得到放松，这对缓解运动员局部疲劳有积极作用。

（三）提高运动训练的专业水平

运动员专业水平的高低在一定程度上直接影响了运动损伤发生的概率，通常情况下，运动员专业技术水平不高，那么运动员在运动中发生损伤的概率将会大大提升。由此可以看出，提高运动训练专业水平在一定程度上可以有效预防运动损伤的发生。

（四）遵循科学合理的运动训练原则

在对运动员进行训练时应当坚持科学合理的训练原则，降低运动员在训练和比赛中的损伤。一般情况下，在对运动员进行训练时应采用系统、循序渐进的训练原则，无论是在训练强度，还是在训练水平上都要遵循由简单到复杂的科学原则，当运动员在经过一定周期训练之后，再增加训练量和训练强度，这样可以有效避免运动员在训练中产生运动损伤。

（五）加强运动医务监督

运动医务监督对于预防运动损伤具有十分重要的作用，又可以将其细分为自我监督和定期检查两种类型。

1. 定期检查

定期检查是预防运动损伤的有效措施之一，运动员每天需要完成大量的训练内容，在训练中会对运动员的身体产生较大负荷，而且一些不合理的训练方式与内容会在无形中给运动员的身体健康埋下安全隐患，与此同时运动员也很难发现这些问题，长此以往会增加运动损伤发生的概率。所以加强运动员定期检查十分必要，这样可以及时发现运动员的身体隐患，进而及时对其进行治疗干预。

2. 自我监督

自我监督是运动义务监督中的一种类型，它对预防运动损伤同样具有十分重要的作用，运动员在训练、比赛过程中时刻关注自身的身体情况，尤其是在完成一些高难度动作之后，如果感觉身体不适，应根据具体情况选择自我缓解或者就医等，将运动损伤程度降至最低，最大程度上保障身体健康。

（六）建立综合协调体系

运动损伤的预防工作所涉及的对象较多，它不仅与运动员自身相关，同时也与教练员、医务工作人员等有紧密的联系，为此在预防运动损伤过时应当建立综合协调体系。从教练员角度来讲，乒乓球运动教练员应当具备全面科学的训练知识，在对运动员训练中结合运动员自身实际情况制定个性化训练计划，科学把握运动员的数量和训练强度。从运动员角度来讲，运动员在训练、比赛过程中要逐渐养成自我保护意识，对自身身体状态做到有效监测，并结合身体情况选择科学的训练方式方法。除此之外，运动员在训练中还应积极与教练沟通，并在此基础上制定科学合理的训练计划。从体能教练和医务人员角度来讲，运动员应积极配合体能教练和医务人员的工作，并认真听取他们的意见，最大程度上降低运动损伤发生概率，提升自身运动生涯。

总而言之，运动损伤预防工作对保障运动员身体健康，提升运动员比赛成绩具有十分积极的作用。无论是运动员，还是教练员、医务人员都应充分认识到运动损伤预防工作的重要性，并及时做好运动损伤预防工作。

六、乒乓球急性运动损伤的急性处理及治疗

（一）乒乓球急性运动损伤的概念

乒乓球运动是一项激烈的运动项目，也正是由于这一特点，导致运动员在比赛中由于受外力影响而突然发生损伤，通常情况下将其称之为急性运动损伤。急性运动损伤往往伴有炎症且炎症维持时间较长，尤其是在运动损伤发生第二天时，受伤部位的炎症会加重，且这种状态会维持一周左右。另外，按照时间作为软组织损伤程度划分依据，可以将其细分为两个时期：第一，急性期，即受伤前三天；第二，亚急性期，此阶段从受伤第三天至受伤第二周以内。通常情况下，乒乓球急性运动损伤形式主要有腰部扭伤、拉伤以及踝关节扭伤等。

（二）乒乓球急性运动损伤的处理

1. 保护

保护是处理乒乓球运动员急性损伤的重要方式之一，它是对不同损伤阶段、不同受伤部位保护预防的一种总称。例如，运动员在比赛中由于受外力影响，突然发生骨折，此时队医应当根据运动员现场情况快速做出判断，并对骨折部位进行保护措施处理，如固定夹板、带护具等，避免运动员在移动中发生二次骨折。

2. 加压包扎

加压包扎是处理乒乓球急性运动损伤的重要方式之一，此种处理方法主要针对运动损伤部位发生出血的情况。加压包扎的方式可以在短时间内对受伤部位组织施压，从而减少受伤部位的流血量。从具体上来讲，在使用加压包扎时应当注意以下几点：第一，包扎位置应当从受伤部位远处开始，逐渐向受伤部位包扎；第二，在包扎过程中每层纱布应当有重叠部分；第三，在包扎时还要注意力度，保障纱布的松紧程度适宜，过紧或过松都无法达到加压包扎的止血效果。

3. 抬高患肢

抬高患肢是乒乓球急性运动损伤的另一种处理方法，该种方法主要针对肢体远端损伤，一般与加压包扎处理方法同时使用。抬高患肢处理方法，主要指的是运动员远端肢体发生损伤28—48小时之内将受伤部位的肢体通过悬吊等方式将其在水平位置上高于心脏位置，这主要是为了减少受伤部位的流血量。另外，抬高患肢也能够在一定程度上加快静脉血和淋巴液的回流，从而有效减轻受伤部位的肿胀和瘀血。

4. 最适负荷

最适负荷指的是用一个平衡、递增负荷的康复训练计划来替代 PRICE 处理原则中的制动休息，此种康复训练方法对乒乓球急性运动损伤各个部位的恢复都有积极作用。另外最适负荷处理方法有多种康复计划，与此同时康复计划的制订主要是针对不同受伤部位，这也是它能够处理不同类型乒乓球急性运动损伤的原因之一。

5. 冷疗

冷疗对于处理乒乓球急性损伤也有重要作用，通常情况下此种处理方法主要是针对闭合性软组织损伤，此外冷疗处理方法主要用于运动损伤发生初期。在运动损伤发生的 1-3 天内，通过冷疗处理方法可以有效收缩受伤部位周围的血管，有效控制出血和渗血。另外通过冷疗处理方式，也可以在一定程度上减轻受伤部位的炎症，也可以消除肿胀。一般传统冷疗方式主要有敷冰袋、冰浴或者对受伤部位喷洒等方式，在应用冷疗方法时应当针对运动员受伤的具体情况。通常情况下，在运动员刚刚发生运动损伤的初期，每间隔 1—2 小时进行一次冷疗，每次冷疗的时间控制在 15 分钟为宜，当受伤时间满 24 小时之后可以结合受伤部位的实际情况降低冷疗的次数和单次时间。总而言之，冷疗的处理方法的运用要依据实际情况酌情使用。

6. 理疗

理疗也是处理乒乓球急性运动损伤的一种有效方法。理疗方法的使用，需要谨遵医嘱。通常情况下，理疗处理方法主要运用到超声波仪器，超声波对受伤部位软组织能够起到消肿的作用，同时也可以促进受伤部位软组织愈合。另外，肌肉内效贴的爪形贴扎法也是一种十分有效的处理方法，通过这种方法可以加快运动损伤部位软组织的消肿速度。

7. 药物治疗

药物治疗对治疗乒乓球急性运动损伤也有十分重要的作用，乒乓球急性运动损伤通常情况下都伴有炎症，通过使用消炎方面的药物可以快速消除受伤部位的炎症。

第六章　高校高水平乒乓球运动队的现状与建设研究

本章对高校高水平乒乓球运动队的现状与建设进行了研究,从五个方面展开,分别为高校高水平乒乓球运动员、教练员基本情况;高校高水平乒乓球运动队条件保障与奖励制度;高校高水平乒乓球运动队竞赛情况;高校高水平乒乓球运动队的训练管理与评价以及高校高水平乒乓球运动队发展建设路径。

第一节　高校高水平乒乓球运动员、教练员基本情况

一、高校高水平乒乓球运动队中运动员情况分析

(一)运动员个人基本情况

1. 运动员来源

高校高水平运动队发展的首要任务是招收高水平运动员,运动员的质量对运动队的发展前景有决定性影响。

目前,高校高水平乒乓球运动员主要通过高水平考试、单招考试、普通体育考试三种方式入学。通过体育单招方式入学的运动员比较多,其次就是通过高水平考试入学的运动员,而通过普通考试入学的高水平运动员占比较少。

近几年,高水平乒乓球运动员在招收数量上有所增加,这有助于提升高校乒乓球运动的整体竞技水平,为各高校积累优秀的体育人才。

2. 运动员专业

我国各高校在高水平运动员入学后专业选择方面的规定不尽相同,严格来说运动员可以依据自身特点和实际情况选择适合自己的专业,这样的做法首先既尊重了学生个性的发展,又为学生将来的就业创造了条件,体现了学校对运动员的人文关怀。其次,可以使运动员融入普通大学生之中,彼此互相促进,深刻地感受学校整体的学术氛围。再次,可以利用高水平运动员的体育优势促进校园体育

文化的发展。最后，运动员自由的选择专业可以提高他们对专业文化课程学习的积极性，充分享受学习带来的乐趣。可以看到运动员自由选择专业无论对于运动员本身还是学校都是利大于弊的。

当前，高校高水平乒乓球运动员的大学专业大部分都是体育专业，有一小部分运动员是非体育专业。可见高水平运动员进入大学后，大都学习体育类专业。

部分学生在选择专业方面自主性不强，这将直接对学生运动员学习的积极性造成影响。随着近些年来高校不断扩招以及运动员入学前文化课基础差等原因使运动员在选择专业时不得不考虑所学专业能否顺利毕业以及是否会利于未来就业，在这种程度上运动员选择的专业已经在某种程度上被限制了。

3. 运动员学历

高水平乒乓球运动员的学历层次直接影响运动员竞技水平的提高和退役后的再就业。

在充满竞争的现代社会，运动员只有不断提高自身的综合素质才会有更好的发展前景。当前，高校高水平乒乓球运动员文化程度基本上都是本科学历，研究生学历和博士生学历的运动员可以说是少之又少。研究生学历的高水平运动员有的是通过自己考试考入的，有的是通过学校推免保研的方式进入的。

高水平乒乓球运动员大部分从小练习乒乓球，不太注重甚至完全放弃文化学习，文化基础薄弱，学习文化课非常困难，再加上学校不重视对运动员的文化教育，所以形成了恶性发展。

高水平运动员不仅要注重专项技能的发展，还要学习文化知识，这样才能提高自我价值，成为满足社会需求的新型人才，未来就业和发展才有更广阔的空间。

4. 训练年限

高校高水平乒乓球运动员的训练年限可以反映出其对该乒乓球运动的认识程度与专项竞技能力，基本上高水平乒乓球运动员训练年限都已经超过了 5 年，其中大部分的运动员训练年限已经超过 11 年，我们知道大部分高校高水平运动员的年龄范围是 18—25 岁，可见有很多运动员开始学习乒乓球的时间是 10 岁之前。

（二）运动员学习与训练情况

1. 学习情况

高水平运动员的学习是不可忽视的重要方面，对运动员文化学习的管理目前是高校高水平乒乓球运动队发展的重大问题。通常，高校会安排专业课的训练，或是学生课余时间进行训练，而比赛前夕则利用寒暑假进行集训，学生的文化课时间不会被占用。这也是为了能够保障高水平运动员的文化学习，但是一些运动员比赛任务较多，或专项训练是占用上课时间进行的；造成这种现象的原因是文化课学习与专项训练时间冲突；或者是运动员为比赛备战，需要进行长时间的集训，对学生文化课的学习造成了影响。还有一小部分运动员在学校通常是以专项训练为主，以取得运动成绩来获得减免学分、免文化考试等，这部分运动员的出勤率相对来说是最低的。

学习态度是影响高水平运动员文化课学习的重要影响因素之一，它推动学生运动员去探索新知识，发展新能力。一般说来，学习态度端正的学生运动员有浓厚而稳定的学习兴趣，能积极主动地学习文化知识，有较高的求知欲。相反一个学生运动员如果没有正确的学习态度，他在学习文化知识的过程中就会出现自主性不强、敷衍了事，甚至出现倦怠学习等问题。

许多运动员入学时选择不到自己理想的专业或是因为文化课基础较差而对学习产生厌倦，失去了对知识的求知欲望，怎样培养高校高水平运动员的正确的学习态度及学习方式是近些年来各高校一直探索的问题。培养正确的学习态度首先应让运动员认识到学习的重要性，让他们知道只靠体育专业技能并不能在当今就业竞争激烈的条件下为他们获得优势，只有这样才能使他们从思想上进行转变，主动地去学习文化知识。

高水平运动员进入高校后要转变角色，首先是学生，其次才是运动员。由于专业运动员长期接受专业训练，他们在文化教育方面投入较少，使得高水平乒乓球运动员在融入大学的学习生活中会遇到一定困难。高水平运动员自身的文化程度造成需要其付出多于普通学生的努力，超出普通学生的学习时间来满足学业要求。但这增加了高水平运动员的压力与负担。高水平运动员在文化学习中遇到困难可以向同学、老师求助，这也是当前高校高水平运动员遇到问题后解决困难最主要的方式，此外，还可以向课外辅导班求助，这些运动员大都是为了应对英语考试，或想出国深造。有的运动员则采取了逃避的方式，因为课业负担重，学习跟不上而破罐子破摔。

高水平运动员自己要先重视文化学习，认识到文化学习的必要性和重要性，学习态度端正起来，这是学好文化知识的基本条件。学校、教练、教师要对运动员的学习情况积极关注，重视高水平运动员的文化学习情况，为运动员提供良好的学习环境。

2. 训练情况

（1）训练动机

运动员的训练动机是其保持积极训练态度的重要影响因素，运动员现在从事的训练最大的动机还是为了能够顺利毕业以及有一个理想的就业岗位，表现出对未来就业和发展的重视程度；其次是为国家学校争取荣誉，这其中部分是具有优异运动成绩的运动员，他们经常代表国家参加世界性的比赛，所以说他们训练的动机中为国家学校争取荣誉占了一定的成分；再次是兴趣爱好，可见随着年龄及社会阅历的增长，这方面的因素逐渐减小。部分运动员怀着为国家、学校争取荣誉的动机进行训练、竞赛，说明他们有着崇高的理想和集体荣誉感，但大多数运动员还是更多地关心顺利毕业以及就业的问题，这也反映出社会、学校以及运动员自身的一些问题，需要我们进行更加深入地研究。

高校虽然对运动员入校后的训练安排有明确的规定，但是实际情况是仍然有一部分运动员进入学校后不参加训练，这在一定程度上与学校对高水平运动员的政策有很大关系，部分学校根据运动员每学期取得的运动成绩给予加分奖励，没有取得运动成绩的运动员则只能得到很少的学分奖励，这使得一部分运动成绩一般的运动员因为得不到足够的学分奖励，担心完成不了文化课程任务而把大量的时间放在文化课程的学习上从而缺席训练。这样，一方面造成了体育人才的浪费，同时对高水平运动队和运动员本人的发展带来了不利的影响。

（2）训练频率

完善的训练管理体系是高水平运动员参加竞技比赛、取得良好成绩的基础保障。当前，大部分高水平乒乓球运动员进入高校后都能保证每周训练3—5次，训练强度大概是隔天训练或每天训练，这样的训练频率基本可以使高水平运动员维持竞技水平，但不容易取得非常明显的进步。

一部分高水平乒乓球运动员训练频率比较低，比如说每周训练1次，训练频率低主要因为这些运动员学习非体育类专业课程，课业时间和训练时间冲突；没有比赛的时候，学生优先接受文化教育，所以训练机会少，系统的训练无法保证，这会导致运动员的竞技水平大幅度下降，这也是高校三、四年级的高水平运动员中，很多竞技水平落后的原因。

有一些高水平乒乓球运动员每周训练频率比较高，比如说可以达到6次、甚至8次以上，这样的训练频率基本达到省市专业队的训练强度，这样的训练可以使运动员的竞技水平得到大幅提升。但训练频率高的运动员是少数，而且在保证训练时间的情况下势必会影响文化学习时间。高水平运动员需要一个系统且完整的周期训练安排来提升竞技水平，而不只是保证充足的训练时间。

（3）训练方式

训练的方式可以分为四种：提前制订训练计划、根据训练情况并且有计划训练、根据比赛任务训练、个人制订训练计划。

能够根据提前制订的训练计划进行训练的运动员占比较少，在这种训练方式中，教练员预先制订好训练内容，运动员根据教练员给出的训练计划有目的地训练，但运动员选择训练内容的自主性不强。

相对来说，采用根据运动员的训练水平制订严格训练计划这一方式的比较多，教练员结合运动员平时训练情况有针对性地提出训练计划，运动员循序渐进地训练，为比赛做准备，此种办法相对而言就显得更人性化，更利于运动员竞技水平的提升。

结合比赛任务制定训练计划。这种训练方式的主动权在教练员，通常情况下是教练员结合运动员所要参加比赛的类型以及排阵方式来制定运动员训练计划，这种训练方式对教练员有十分高的要求。通常情况下，教练员采用这种训练方式需要具备较高的执教功底，与此同时还要对运动员的运动水平有全面的了解。另外，结合比赛任务训练方式一般在比赛前一个月内开始实施，这样可以是运动员在比赛前做好充分的准备。由于这种训练方式对教练员的要求较高，所以不同的高校在使用此训练方式时也存在一定的局限性。

个人制定训练计划。通常情况下选择此种训练方式的运动员并不是很多。首先，大部分乒乓球运动员并非体育专业学生，所以他们在训练时间上很难得到保障；其次，大部分高水平乒乓球运动员的打球风格在上大学前基本已经定型，通过个人制定训练计划很难改变自身打球风格，也就无法提升自身技战术水平。通常情况下，高水平乒乓球运动员个人制定训练计划的主要目的是为了训练基本功，并稳定当前技战术水平。除此之外，个人制定训练计划还有其他弊端，尤其是在训练周期方面，也缺乏一定的系统性，最终导致训练效果大大降低。

总而言之，由于高校在训练时间、训练强度等方面都与专业训练队有明显差距，所以大部分高水平运动员在进入高校之后竞技水平会呈现不同程度下降。除此之外，高水平运动员的竞技水平也与运动员自身训练态度息息相关，消极的训练态度是导致运动员竞技水平下降的直接原因。为此高校想要充分发挥有限训练时间的作用，还需要加强对高水平运动员的训练管理，一方面制定激励机制，提升运动员的训练热情，另一方面制定惩罚机制，对消极训练的运动员给予一定的处罚，提升运动员的危机感。

高校高水平运动员要代表学校参加比赛，同时要进行日常的乒乓球运动训练，以及完成文化课的学习任务。要想实现这三者的平衡，就要求运动员学会合理安排自己的时间，协调好学习和训练、比赛之间的矛盾。要求运动员在完成文化课教师要求的学习任务后，保证一定的训练次数、训练质量，以更好地应对各种比赛。

学习和训练的矛盾一直是专业技术发展和文化课学习发展之间的主要矛盾。学训矛盾主要聚焦于两点：一是训练时间安排与文化课程相冲突；二是文化课程安排未考虑运动员学生的个体差异，大多数学生运动员是通过降分入学的。文化基础与普通同年级学生存在差异，但教学培养计划、教学内容、进度、考试均与普通生相同，加之运动员学生日常训练任务繁重，在其不得不面对学训矛盾时，大多数运动员做出"重竞技训练与比赛、轻文化知识学习"的选择。

学校应该着重关心的问题是如何使运动员的技术水平和文化课水平齐头并进。很大一部分运动员都不能很好地处理学习和训练的矛盾。

文化教育是人才培养的基础，高水平运动员忽视文化学习，将违背进入大学接受文化教育的初衷。大部分运动员重视专项训练，却忽视文化课学习。造成了运动能力突出，文化素质水平相对较弱的畸形发展现象。

二、高校高水平乒乓球运动队中教练员情况分析

（一）教练员学历

学历虽然不是衡量教练员的唯一标准，但是它可以反映一个教练员的综合素质水平，与此同时学历也是当前衡量人才的重要标准之一。一般情况下来讲，教练员的学历水平越高，教练员的综合素质水平就会越高，这对推动高水平运动员的培养有十分重要的作用。

目前我国高校乒乓球运动教练队伍中的学历主要是以本科、硕士为主，虽然也有部分教练员的学历为博士，但是所占整体教练员的比重较低，尤其是与高校对教师学历水平要求相比明显偏低。

另外，目前高校乒乓球运动教练员队伍还存在以下问题。高学历教练员虽然在理论知识方面有明显优势，但是此部分教练员的实践经验较少，而实践经验丰富、学历水平较低的教练员缺乏理论知识，高校乒乓球运动教练员团队的这些问题都不利于高校乒乓球运动队的长远发展，为此教练员还需要不断提升自我水平，只有这样才能成为一名合格的教练员。

高校高水平乒乓球运动队的教练员主要来源为两大类：（1）体育院校毕业，他们接受过正规、系统的体育教育方面的知识，但大多数没有专业运动训练的经历，更缺乏在大赛中的临场指挥的经验，毕业后进入高校由学校安排训练运动队，接触不到最新的竞技运动发展信息，很多教练员都是边带队训练边摸索经验；（2）体工队及退役运动员转业而来，他们大多有过高水平的训练的经历，但是缺少系统的理论知识学习，仅仅凭借个人的训练经验安排训练内容，还一味地实行传统的训练管理方法，只强调运动员要刻苦训练而缺乏必要的科学检测，导致运动员伤病增加，甚至有些运动员过早结束了运动生涯。因此，提高乒乓球教练员的学

历结构，加强教师队伍的理论学习与教学训练能力应当引起各高校领导的重视。

（二）教练员职称

教练员的职称是对其多年从事训练工作所取得优异运动成绩的肯定，也在一定程度上反映了人们对其专业能力的认可程度。合理的职称结构不仅能够有效地促进高等院校的改革，还可以提高高校教学和科研工作的质量。

教练员的综合素质可以从教练员的职称中反映出来，高职称专业教练员的专业能力与教学科研能力相对都比较高。

作为高校乒乓球训练工作的主要管理者和实施者，高校乒乓球教练员对球队的发展起着至关重要的作用。总体上，讲师与副教授职称的教练员是高水平运动队的中坚力量。这些教练员年纪较轻，事业心比较强，使运动队充满活力。但需要继续磨炼与提高。

（三）教练员执教年限

教练的执教时间越久，经验将会越丰富。教练员在整个运动训练的过程中起主导作用，教练员各方面的能力会影响高水平运动队竞技水平的提高。

当前，高校大部分教练员对球队的管理时间较长，有着较为丰富的教学经验，但也有个别的教练员执教时间较短。

就当前高校执教时间较长的教练员来讲，只有一小部分教练员经过了乒乓球运动系统性学习，并且有从事乒乓球运动工作的经验。绝大多数的教练员在执教之前不仅没有经过乒乓球系统学习，同时也没有乒乓球运动相关工作经验，通常情况下他们都是临时受命，学校领导或院领导临时指派他们管理乒乓球队，虽然在后期经过实践学习有了一定的执教经验，但是这对于高水平运动员技战术水平的提升意义并不是很大。

另外，就高校执教时间较短的教练员来讲，此类教练员大部分都有专业技术，虽然他们的在实践和科研方面不及高校执教时间长的教练员，但是他们凭借专业技术知识，可以对高校高水平运动员提出科学的训练指导意见，这对提升高校高水平运动运技战术水平有一定的积极作用，也能够在短时间内提升运动员的比赛成绩。

（四）教练员对运动员和学校文化课、训练安排的评价

1. 对运动员训练积极性的评价

当前，大部分高校教练员认为高水平乒乓球运动员存在训练不太积极的问题。训练十分积极的运动员大多数都是需要通过获得运动成绩才能顺利完成课业

的高水平运动员。有些学校会奖励成绩优异的运动员，因此就激发了他们训练的积极性。另外，通过运动成绩获得保研名额也会促使运动员重视技能发展，积极训练。

运动员训练表现不太积极的原因如下。

（1）高水平运动员无法平衡学习和训练之间的关系。

（2）高水平运动员缺少目标，消极对待训练。

（3）学校奖励缺乏，运动员没有训练的动力。

运动员的训练态度对一个运动队的发展有着重要作用。想使运动员训练的热情高涨，态度积极，就要做到"目标""斗志""保障"，有目标即知道为什么训练，斗志即求胜心，保障就是给予运动员奖励，增强动力。

2. 对学校文化课程、训练安排的评价

高校乒乓球教练员基本认可学校对学习与训练的安排。高校高水平乒乓球运动员的管理模式大部分都是教练员负责训练，各院系负责他们的文化课和生活。这种脱轨的状态使专业性强的教练员对自身管理范围内的责任更加重视，更加重视训练，认为运动员应该将大把的时间投入到专项训练中。而这种脱轨的状态也可以说是一个管理漏洞，给运动员可乘之机。有些运动员以训练为借口，逃避学习，把时间投入到其他事情中。有的则是在训练的时间以上课为借口，但却并不一定是在上课。技能水平得不到提高，管理起来又较为困难，如此学习和训练之间的矛盾就会加剧。对此，教练员和各院系应积极沟通协调，紧密配合，及时了解学生的训练和学习状况，避免出现两不管现象。

第二节　高校高水平乒乓球运动队条件保障与奖励制度

一、高校高水平乒乓球运动队训练的条件保障

（一）经费保障

高水平乒乓球运动队的运作和管理是一项庞大、复杂的工程，在这一过程当中需要大量的人力和物力。它的发展极大依赖于经济的支撑和投入。在运作的过程当中也很大程度的消耗了大量的经费，其中包括运动员、教练员的人为经费，场地、设施、器材的物质经费等等。这些都是以经济条件作为基础。据了解，我国高校高水平运动队经费来源主要有上级教育部门拨款、学校专项拨款、学校体育部门自筹、企业赞助等来源。支出包括教练员费用、器械设备、运动员服装费、

膳食费、差旅费等费用。

经费问题制约着高校高水平乒乓球运动队的发展，充足的经费支撑是调动教练员和运动员积极性的重要影响因素之一。造成高校高水平乒乓球运动队经费匮乏的原因是多方面的。近些年来，各高校债务负担较重，资金流动大，缺口大；部分高校高水平运动队成绩不理想，学校领导不重视以及银行的贷款压力等等原因都影响了经费的运转。因此在这样的情况下单纯依靠学校拨款办队已经举步维艰。

（二）硬件设施保障

高水平运动员要完成乒乓球训练任务，需要有充足的体育器材设施，这是最基本的物质保障，对训练效果有直接影响。

如果高校的硬件设施完善，会提高运动员训练的积极性。反之，如果硬件设备不完善，比如说球台数量过少，那么高校高水平运动员的基本训练需求就得不到满足进而对运动员训练效果和技能水平的提高造成影响，长期如此，容易导致运动员消极训练。部分高校存在场馆数量较少、环境较差、球台数量不足、场馆没有空调等问题，长此以往，不仅使运动员运动竞技水平的发展得到抑制，更大大打击了他们训练的积极性。

近几年，部分高校相继建设完成自己的体育活动训练中心，大大改善了乒乓球运动员训练和比赛的设备保障条件，但与学生增长的速度相比，场地器材的更新与建设就显得滞后了许多，学生日益增长的锻炼需求与运动场地器材设施的落后的矛盾日益突出，部分高校向社会开放搞创收的做法也在一定程度上影响了高水平运动队的正常训练，面对这种情况一些学校只能交叉错开训练时间，以提高场地器材的利用率。

目前在场馆设施上主要存在以下几点问题。

（1）独立训练场馆少。

（2）设备缺乏，球台数量不足，运动员训练需求得不到满足，所以训练质量与训练效率受到制约；另外，运动员在专项体能训练方面缺少辅助性训练设备。

（3）与比赛标准相符合的球台、球网、灯光及地胶等设备都严重不足，导致运动员训练受限，运动员在比赛中难以充分发挥自己的竞技水平。

（三）医疗保障

高水平运动员在训练和比赛的过程中不免受到伤病的困扰而影响其正常运动竞技能力的发挥，当前，各高校基本没有为各运动队配备专门的随队医生和理疗师；院校配备了部分体育科研设施，但由于操作复杂且使用费用昂贵而不经常甚至不对运动员开放使用，造成了资源的浪费。运动员训练结束后基本采用互相放松的方法消除疲劳，对于有伤病的运动员也没有专门的恢复师指导其进行恢复性训练，医疗保健条件比较落后。在膳食方面学校也没有设立专门的运动员食堂供运动员使用，运动员训练之后与普通学生一样到学校食堂用餐。

二、高校高水平乒乓球运动队的奖励制度

追求优异的运动成绩是运动员在运动生涯中追求的主要目标，而运动员在取得好的成绩后，如果可以获得奖励，则会更加激励运动员努力进取。合理的奖励机制可以将运动员训练以及比赛的积极性调动起来。所以，为了给高水平乒乓球运动员增添动力，需要对相应的奖惩制度进行建立，满足运动员的合理需求，将其比赛成绩与实际利益结合起来。高校高水平乒乓球运动员取得优异成绩后获得奖励的情况主要有以下几种方式：奖学金、减免学费、给予推免资格和其他方式奖励，个别高校暂时没有奖励。

比赛的重要性和比赛成绩是给予乒乓球运动员奖学金奖励的主要参考指标，一般给予几百到几千元不等的奖学金。运动员可以主动向校方提出奖学金申请，在学校通过审核后获得一定数额的奖学金；也可以以队费的形式发放奖学金，但校方要设立专项预算，也可以由赞助商提供。

减免学费奖励是非常直接的奖励，是学校给运动员提供的政策，普通生不享有这项政策，减免学费奖励可以是完全免学费，也可以是学费减半，具体根据运动员取得的成绩来定。

给予推免资格有两种方式，一种是直接推免，还有一种是间接推免。

高校还有一些其他的奖励方式，如训练补贴、参赛经费、庆功宴等，具体根据各高校的政策与经济条件而定。

有少数运动员没有享受任何奖励措施，学校只是交一些比赛费用，其余费用运动员自理。不奖励不利于增强团队凝聚力，会对运动员参赛的积极性造成打击。

目前，各高校主要采用物质奖励的方式来奖励获得优异成绩的运动员，以此来肯定运动员的成果，并进一步激励运动员。学校提供奖励时，首先应对运动员的合理需求进行了解，并尽量满足。此外，还要让运动员对个人利益、社会利益的内在联系与辩证关系有一定的认识，培养运动员的体育意识与体育精神，使其为了更远大的目标而不断努力学习与训练。

第三节　高校高水平乒乓球运动队竞赛情况

一、高校高水平乒乓球运动员的参赛频率

高校高水平乒乓球运动员的训练成果需要通过比赛来检验，运动员的价值也是在比赛中体现出来的。高水平运动员的参赛频率对其训练强度、竞技状态等都有一定的影响。

当前，大部分高校高水平乒乓球运动员都能维持正常的参赛频率，一年参加2次或者3次比赛，个别高校的高水平乒乓球运动员参赛的频率比较高，但是也存在个别高校的高水平乒乓球运动员参赛的频率较低的问题。

参赛频率低，这与大学生乒乓球赛事少，学校不积极举办联赛，对高校类比赛之外的其他任何比赛基本不参与等有关。而造成运动员可参加的比赛少的原因主要如下。

（1）没有赞助商，缺少经费支持。

（2）对于正规大学生比赛以外的其他比赛支出预算，高校有关部门不审批。

（3）校领导等管理层人员不重视乒乓球运动。

有些高校的乒乓球运动队每年参加4—6次甚至7次以上比赛，这离不开学校的支持和赞助商提供的经费。参赛频率高的运动员通常训练强度较大，要坚持不懈地训练，以提高技能的熟练性，保持良好的比赛状态。经常参加比赛的运动员积累了丰富的比赛经验，技战术水平较高，赛场应变能力强，而不经常参赛的运动员与久经沙场的运动员相比还是有一些差距的。

此外，由于部分高校的学分奖励管理办法中对于运动员参加竞赛的级别有着明确的要求，这使得一些由民间团体、俱乐部组织的乒乓球竞赛得不到学校的承认，在一定程度上影响了运动员参加竞赛的积极性。运动员得不到高水平竞赛的锻炼，感受不到竞赛气氛，仅靠平时的训练无法使身体及心理的配合达到最佳配合状态，这必然影响运动成绩的提高和综合素质的发展。

二、高校高水平乒乓球运动队的成绩分析

相对来说，如果高校所在的城市经济发展好且高校师资力量充足，则乒乓球运动队的运动水平就比较高，比赛成绩也就比较好。

但是，高校高水平乒乓球队的发展受很多因素影响，有些学校在某次比赛中

成绩优异，但只是昙花一现，不能持续创造好成绩。主要原因有以下几点。

（1）学校生源不足，导致运动员断层。

（2）运动队经费不足，奖励机制不完善，运动员上进心不强。

（3）运动员对专项训练不积极，运动水平下降。

（4）运动员参赛少，缺乏经验，难以快速进入比赛状态。

第四节　高校高水平乒乓球运动队的训练管理与评价

一、高校高水平乒乓球运动队训练管理

（一）高校高水平乒乓球运动队训练管理存在的问题

1. 比赛机会少，训练目标定位不明确，缺乏自身培养

目前高校高水平乒乓球运动员可以参加的大规模比赛主要有世界大学生运动会和全国大学生运动会，其中前者为每两年举办一次，后者为每四年举办一次。由此可以看出这两个比赛的间隔时间较长，高水平乒乓球运动员在校期间也仅有一到两次的参赛机会，另外这两个比赛对运动员的竞技水平要求较高。例如全国大学生运动会，并不是所有的高校运动员都可以参加，由于受到大赛体制的影响，通常情况下会以省为单位，并采用竞赛淘汰制的方式，在每个省选出一到两个学校来代表全省参加分区赛和总决赛，这种竞赛体制无疑增加了大赛的参赛门槛，从而导致大部分的运动员只能参加一些省级、县级的比赛，或者参加校际邀请赛，这些赛事的竞技性并不是很高，为此不利于提升高水平运动员的竞技水平，在无形中也会打击他们的训练积极性。

当前高校普遍存在高水平运动队训练目的和目标定位不明确的问题，这对高校高水平运动队的发展十分不利。目前大部分高校将校运动队定位于参加省级、县级以及校际之间的比赛，从而为学校营造一个良好的校园体育文化。与此同时，高校运动队也尝试参加一些全国性质的比赛，以此来提升学校知名度。另外，还有一小部分学校将目标定位于参加全世界大学生运动会，以及世锦赛、奥运会等比赛项目，并将为国家培养优秀体育人才作为最终目的，然而在现实中高校高水平运动员的竞技水平与目标所需有明显差距，无法赶上国家运动员水平。以上这两种情况都在一定程度上影响运动员的训练效果。

当前高校创办高水平运动队的方法主要是体教结合，然而在现实当中高校运动队的创办模式仍然存在很大问题，部分高校依然采用招收运动员大学生的方式，

通过招收学校体育系现役或退役的运动员作为队员，当学校需要参加比赛时，他们以学校名义参加比赛，从而为学校赢得荣誉，高校以此来提升自身知名度。此外，还有部分高校为了提升自身知名度，安排部分水平一般的高水平运动员参加普通组比赛，从中获得比较好的比赛名次，而运动员则可以通过这种方式获得高校文凭。在这样的办队模式下，高水平运动员与高校之间形成了利益共同体关系，虽然在短时间内为高校赢得了荣誉，但是并未真正达到体教结合的目的，也反映了高校在办队方面缺乏自身培养。

2. 运动队管理制度不完善，学校重视程度不够

管理制度是高校高水平运动队健康发展的必要保障，目前大部分高校都制定了较为完善的运动队管理制度，如体教结合组织管理机构、高水平运动员学籍管理、高水平运动员专业文化课学习管理以及高水平运动员运动训练管理等方面制度，然而在现实中这些管理制度并未得到有效落实，且管理制度依然存在问题。首先，运动员的专业文化课学习主要有教育系统和体育系统共同管理，这种管理制度存在责任不明确的问题，如当运动员专业文化学习出现问题时，双方为了推卸责任相互扯皮，不仅不利于运动员专业文化知识学习，也不利于形成相应的监督管理体制。其次，高校教育系统在对运动员制定专业文化学习计划时，并未结合运动员的实际情况，往往会出现专业文化教育与运动员实际脱节的现象，从而导致运动员专业文化知识不足。再次，运动员的训练持续性不足，训练时间无法保障。通常情况下，高校运动队只有在即将参加比赛时才会对运动员进行训练，另外运动员的训练计划也缺乏系统性。最后，在对运动员的学籍管理上也存在一定的问题。目前大部分高校将运动员的专业限制在较为简单的文科专业，虽然这降低了高校运动员的毕业率，在这样的学籍管理环境中，运动员无法系统学习体育理论知识，同时体育实践能力也略显不足，也很难将体育理论知识与体育实践结合起来，最终导致高校运动员的综合能力不高，运动员在毕业之后很难与普通大学生能力相抗衡，从而出现能力与文凭失衡的现象。

此外，受学校学习安排的影响，乒乓球高水平运动队队员每天的训练时间相当有限，同时由于运动员入学时由不同的院系进行学习管理，而每个院系的课程安排和上课时间是不同的，这就造成了乒乓球高水平运动队队员不能统一安排训练和学习内容，只能凭借运动员的自觉性，在教练员安排的固定时间到训练场馆进行训练。这种状况很容易导致自制力比较差的乒乓球高水平运动队队员以训练为借口逃避上课，以学习上课为借口逃避训练。并且由于乒乓球项目的特殊性，高水平运动员在入学前打法风格都已形成，技术也都比较全面，所以即使自觉参加训练的队员也很少能统筹安排训练内容，大部分时间是根据自身现状为自己制

定训练内容，或只是按照以往的模式进行基本功和技战术的练习来维持自身技术水平不致下滑。

管理制度混乱已经成为制约我国高校竞技体育发展的重要因素之一，我国想要实现体育强国的目的，务必要不断完善管理制度，使其朝着体教结合的方向发展。除此之外还要加强体教结合的理论研究与创新，为推动我国高校体教结合发展提供理论支撑。

高校乒乓球运动队的建设在一定程度上与高校领导的关注力度有关。部分高校领导认为乒乓球运动队建设并不是学校的重点内容，为此在财力上并未给予充分的支持，从而导致高校乒乓球运动队训练经费不足，训练场地设施不完善等问题。此外，还有部分高校在对乒乓球运动员考核评价时，将运动员的体育成绩作为主要考核项目，而忽视了运动员专业文化知识考核，致使高校乒乓球运动员的专业文化知识缺失。除此之外，还有部分高校对运动员的赏罚制度制定不合理，从而影响了运动员的训练积极性。

（二）高校高水平乒乓球运动队训练管理的优化

1. 完善训练体系，保证生源质量

国家提出高校试办高水平运动队的目的是为了实现将体育教育与文化知识教育放在同等重要的地位，充分发挥教育的功能，用实践检验理论，以理论来指导实践，使体育教育与文化知识教育相互补充。本着这个目的高校应该充分利用自己的科研、人才优势加强研究，大胆改革创新，探求一条适合高水平乒乓球运动队队员发展之路。

在高水平优秀运动员招生质量问题上，国外有很多可以借鉴的经验，例如美国的大学生运动员基本都来源于中学，学校设立丰厚的条件吸引有运动天赋的学生，但对他们的学习成绩和技术水平都有很高的要求，而不是单方面发展竞技水平。受此启发，为确保优质生源和培养乒乓球后备人才，要把目光放在生源的根源之上，即中小学乒乓球特长生。大学起带头和推动作用，激励和刺激中小学乒乓球运动的发展，做到读训并重，确保生源的质量和连续性。

2. 改变训练模式

乒乓球高水平运动员进入高校后学习和训练内容的转变、运动员到学生的身份的转变，以及技术水平在入学前已经形成等现实状况，使得传统的训练模式已经不符合乒乓球高水平运动员训练的实际情况。所以针对乒乓球高水平运动员的训练模式要进行改变，在理论知识补充的同时，更需要用理论指导实践，让运动员明白每个技术动作的原理和技战术合理性的支撑点，以理论知识来验证技术，

帮助自己进一步的提高，打破以前的思维定式，形成新的风格，并以理论知识来检验训练结果，从以往的按部就班过渡到打文化球的新高度。国外许多成功经验也告诉我们，经历过高等教育的大学生运动员无论在对体育运动规律本身的认识与理解上，还是领会教练员的意图、策略与随机应变的能力上都有明显提高。

3. 加强思想教育，读训并重

根据我国高校乒乓球高水平运动员技术比较完善，但文化底子薄弱的现状和出现的消极学习、消极训练的实际情况，学校的体育部门和各院系应该联合起来实现真正的有机结合，共同管理好乒乓球高水平运动员的学习和训练。教练员和辅导员应积极对运动员进行思想教育，必须使之明确高校乒乓球高水平运动员的身份首先是学生，所以他们应该和其他普通在校大学生一样，在校期间完成应修的课程，同时注重文化和品德素质修养，并以此来指导和审视自己的生活和训练。

4. 不同管理部门积极配合

负责训练的部门和负责文化学习的部门应该积极配合，及时了解学生运动员的学习、训练和思想状况，避免出现两不管和推卸责任的现象，并制定出科学合理的学习训练计划。这样可以很大程度上避免、减少死角，督促运动员养成良好的生活习惯和文化素养，使乒乓球高水平运动队队员的学习、训练、生活走上积极健康的良性循环发展的道路

二、高校高水平乒乓球运动队训练评价

（一）构建高校乒乓球高水平运动队训练评价指标体系

1. 构建"训练规划"评价指标体系

"训练规划"评价指标体系由"现实状态诊断""训练目标确定"和"训练计划制定"3项内容组成（图6-4-1）。

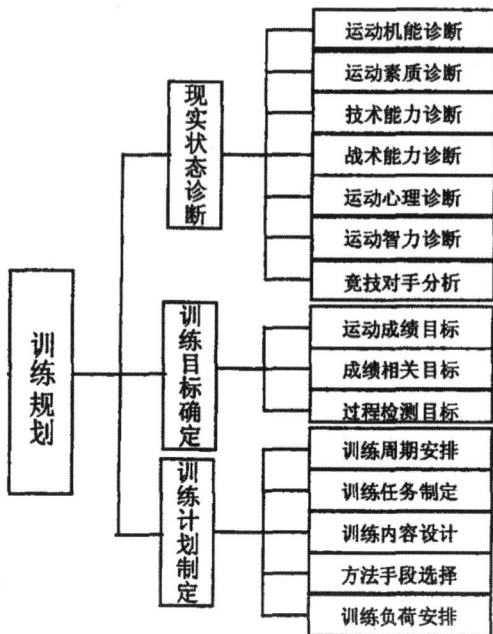

图 6-4-1　训练规划评价指标体系

首先，现实状态诊断。一般情况下，现实状态诊断是运动员开展训练的起点，同时也是明确训练目标和制定训练计划的前提与基础。其次，训练目标确定。训练目标是运动员训练的最终归宿，同时也是规范约束训练的有效标尺。最后，训练计划制定。训练计划制定是对运动员未来整个训练过程的一种理论设计。

（1）构建"现实状态诊断"评价指标体系

通常情况下，现实状态诊断评价指标体系有多方面因素构成，共计 7 大项，如运动机能诊断、运动素质诊断、战术能力诊断，此外该评价指标体系还囊括了竞技对手分析、运动之能力诊断、运动心理诊断以及战术能力诊断。

运动机能诊断。高校乒乓球运动员运动机能诊断同样由多方面内容构成，其中包括了神经系统、呼吸系统、循环系统以及运动系统。第一，神经系统诊断，通常情况下会采取测综合反应时、简单视动反应时等方式对运动员进行神经系统诊断；第二，呼吸系统诊断，一般情况下会采取测肺活量、测呼吸肌耐力以及最大摄氧量等方法诊断运动员呼吸系统；第三，循环系统诊断，通过对运动员心脏形态、结构以及血管功能进行分析可以达到诊断运动员循环系统的目的；第四，运动系统，对于运动员运动系统的诊断，通常情况下采用肌电图、测试运动员关节伸展以及肌肉力量的方式。

运动素质诊断。所谓运动素质诊断主要是对运动员的专项运动素质方面进行诊断，如专项力量素质、专项速度素质、专项灵敏素质、专项耐力素质。乒乓球运动员专项速度诊断主要包含了步法移动速度、反应速度以及挥拍击球速度等内容。乒乓球运动员专项力量诊断主要指的是对上肢、下肢两部分力量进行测试。在对乒乓球运动员进行专项耐力诊断时，可以通过三分钟交叉步练习、三分钟长短球步法练习等方式。对乒乓球运动员进行专项灵敏诊断，可以通过双人传球以及多球练习打的方法。

技术能力诊断。对高校乒乓球运动员技术能力的诊断主要囊括了单项技术、结合技术两方面的诊断内容。其中单项技术又由多项内容构成，如正手快攻、削球、弧圈球、搓球等。从某种意义上来讲，乒乓球结合技术旨在解决乒乓球单项技术之间的衔接问题，对提升乒乓球运动员技战术水平有积极作用。当前乒乓球运动员结合技术诊断主要包含攻对攻结合战术诊断和攻对削结合战术诊断两方面，无论是攻对攻结合战术诊断，还是攻对削结合战术诊断，均是对二者两项、三项甚至多项技术衔接的诊断。

战术能力诊断。"战术能力诊断"指训练、比赛过程中发球抢攻、接发球、相持三个方面的诊断。从训练效果角度诊断，发球抢攻诊断指得分、失分、上台时间、总球数；接发球诊断指得分、失分、上台时间、平均板数、总球数；相持诊断指得分、失分、上台时间、平均板数、上台比例、总球数。从比赛效果角度诊断，发球抢攻诊断指发球、发球抢攻、发球被攻、发球后控制、抢攻后被攻；接发球诊断指接发球、接发球抢攻、接球后抢攻、接球后控制、接球后被攻；相持诊断指主动状态、被动状态、相持状态。

运动心理诊断。运动心理诊断主要是对运动员各个时期的心理状态进行诊断，其所覆盖的时间段较长，既包含了运动员的长期心理，又包含了运动员比赛各个阶段的心理，如赛前、赛中、赛后心理。针对不同时间段的心理，诊断方法也有所不同，如在对运动员的长期心理进行诊断时，可以结合运动员的个性特点、注意力以及知觉等方面进行诊断。又如在对运动员比赛前心理进行诊断时，可以从信心、动机等角度诊断，对运动员赛中心理诊断时，可以从运动员在比赛中的稳定性角度下手，而对运动员比赛后心理诊断时，可以从运动员成功失败后的肯定及鼓励角度出发。

关于运动员运动智能的诊断主要包含五个方面：思维力、观察力、注意力、想象力以及记忆力。而每个方面所采用的诊断方式也有所不同，对乒乓球运动员观察力诊断时，可以从准确性、细微性等角度出发。对乒乓球运动员记忆力诊断时，可以从清晰性等角度出发。对乒乓球运动员进行思维力诊断时，可以从运动员逻辑性角度出发。对乒乓球运动员进行注意力诊断时，可以从集中性角度出发分析。

对乒乓球运动员想象力进行诊断时，可以从联想性以及丰富性角度出发。

竞技对手分析。现实状态诊断评价指标体系中的竞争对手分析主要是对自己竞争对手综合竞技能力水平的分析，而竞争对手确定的主要依据是高校创办乒乓球运动队的目的。

（2）构建"训练目标确定"评价指标体系

训练目标的确定由三方面内容组成，其中包含了运动成绩目标、成绩相关目标以及过程检测目标。

运动成绩目标。高校乒乓球运动队结合自身实际情况以及办队初衷来制定运动员在训练比赛中的成绩目标。

成绩相关目标。成绩相关目标主要指的是与运动成绩相关的其他目标，通常情况下运动成绩与多方面因素有关，如运动员的运动机能、运动素质、技战术水平以及运动心理等等，而成绩相关目标便是关于这些方面的目标，如战术能力目标。

过程检测目标。该目标主要是对运动员训练过程的检测，并对训练的不同阶段制定不同目标，其中包括了对训练全过程的检测，也包括对训练阶段的检测。通常情况下可以将过程检测目标分为全年目标和阶段目标两种类型，而每个类型中又囊括了运动成绩目标和成绩相关目标。

（3）构建"训练计划制定"评价指标体系

训练计划下包含五个子项内容，其主要包括训练周期安排、训练任务制定、训练内容设计以及方法手段选择和训练负荷安排。

训练周期安排。从某种意义上来讲，通过乒乓球运动训练周期性可以看出高校乒乓球运动队训练计划的连续性以及阶段性的情况。根据运动员身体机能的规律性以及运动竞技比赛的周期性制定周期性训练计划，这对于提升运动员的竞技水平有积极作用。此外科学合理地制定训练周期也能够使运动员在赛前达到最佳状态，这对运动员创造良好成绩有重要作用。

训练任务制定。"训练任务制定"是训练计划质量监控的重要依据。因此，制定的训练任务应当体现全面具体、整体个体兼容、重点难点明确的特点。训练任务包括与提高高校乒乓球高水平运动队竞技能力有关的体能训练、技能训练、战术能力训练、运动智能训练以及心理能力训练五个方面。

训练内容设计。所谓的训练内容设计主要是对乒乓球运动训练各个阶段具体训练内容的设计，通常情况下训练内容设计主要包含乒乓球运动各个竞技能力构成要素。从宏观角度来讲，乒乓球运动训练内容主要包括身体机能、运动素质、运动心理以及运动技战术等多个要素，而每个要素下面又包含不同的子要素，子要素下面还有更细致的划分。

从微观角度来讲，乒乓球运动员专项身体训练内容主要包含四个方面：力量、耐力、速度、灵敏。而不同的专项素质训练内容又有所不同，如专项速度训练内容主要有击球挥拍速度、步伐移动速度，又如专项力量速度训练内容主要包括上、下肢专项力量训练。

乒乓球运动员技能训练内容主要包含两大类：一是基本功训练，二是各种类型的打法训练。而高校乒乓球运动员技战术能力训练的内容则分为单打战术和双达战术训练。另外，目前我国高校乒乓球运动员心理能力训练内容主要侧重于运动员心理素质提升，如控制情绪的能力。

方法手段选择。所谓的方法手段选择主要指的是高校乒乓球运动队为了实现既定目标，并结合队内运动员的实际情况而采用的训练方法与手段。

训练负荷安排。高校乒乓球运动队训练负荷主要包含训练强度和训练负荷量两方面。在对运动员进行训练负荷安排时，应针对运动员的实际情况选择最佳训练负荷，并及时关注运动员运动负荷变化情况。

2. 构建"训练实施"评价指标体系

"训练实施"评价指标体系由"训练条件保障""训练计划实施""训练过程监评"和"训练计划调整"4项内容组成（图6-4-2）。

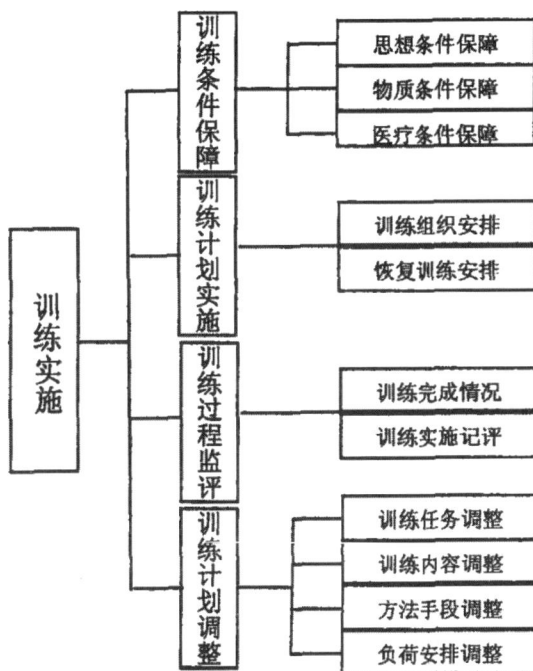

图 6-4-2　训练实施评价指标体系

"训练条件保障"能够促进训练工作顺利地开展。"训练计划实施"是训练工作的重点，直接影响着训练目标的达成情况。"训练过程监评"是检查训练工作实施情况的重要环节。"训练计划调整"是训练工作必不可少的环节。运动训练过程是一个有组织的社会性行为，因此，需要对其进行有效的管理。其中，对运动训练的全过程实施科学的调控，制定科学的训练计划，是实施科学训练、取得理想训练效果的重要工作环节。

（1）构建"训练条件保障"评价指标体系

"训练条件保障"评价指标体系由"思想条件保障""物质条件保障"和"医疗条件保障"3项内容组成（图6-4-2）。

"思想条件保障"是指为实现高校乒乓球高水平运动队的训练目标，根据乒乓球项目特点和高校乒乓球高水平运动队乒乓球运动员自身特点，所确立的指导思想。它贯穿训练工作的全过程，对整个训练工作起着至关重要的指导作用。

"物质条件保障"是指提供高校乒乓球高水平运动队训练工作所需的物质，包括财务、场地、器材、生活、服务等。

"医疗条件保障"是指提供高校乒乓球高水平运动队训练工作所需的医疗服务，包括医务、营养、恢复等。

（2）构建"训练计划实施"评价指标体系

"训练计划实施"评价指标体系由"训练组织安排"和"恢复训练安排"2项内容组成（图6-4-2）。

"训练组织安排"是指高校乒乓球高水平运动队的教练员根据训练计划对运动员进行训练工作的组织安排和调控。合理、周密地组织安排训练是训练计划实施的基本保证。

"恢复训练安排"是现代运动训练不可或缺的一部分。现代运动实践证明：在运动训练过程中，如果说"没有负荷就没有疲劳"，那么可以认为"没有恢复就没有提高"。没有恢复训练就没有优异运动成绩的产生。因而，高校乒乓球高水平运动队的教练员必须做好恢复训练安排工作。

（3）构建"训练过程监评"评价指标体系

"训练过程监评"评价指标体系由"训练完成情况"和"训练实施记评"2项内容组成（图6-4-2）。

"训练完成情况"是指针对高校乒乓球高水平运动队所制定的训练计划的完成程度，主要指各项训练内容在数量和质量上的完成程度。这是检查训练实施状况的重要指标。

"训练实施记评"是控制训练工作进程的重要环节。高校乒乓球高水平运动队的教练员通过训练实施状况的记录和评价获得训练效果信息，再将它传达给运动员。此环节对于调整训练计划和激励运动员都有重要作用。

（4）构建"训练计划调整"评价指标体系

"训练计划调整"评价指标体系由"训练任务调整""训练内容调整""方法手段调整"和"负荷安排调整"4项内容组成（图6-4-2）。

"训练任务调整""训练内容调整""方法手段调整"和"负荷安排调整"四个指标的内涵，其实质都是高校乒乓球高水平运动队的教练员根据运动员的训练现状和比赛任务对原已确定的训练计划给予相应的调整，实施必要的变更，以力求训练目标的实现。

3.构建"训练管理"评价指标体系

"训练管理"评价指标体系由"思想教育工作""规章制度工作""组织保障工作""经济保障工作"和"人本保障工作"5项内容组成（图6-4-3）。

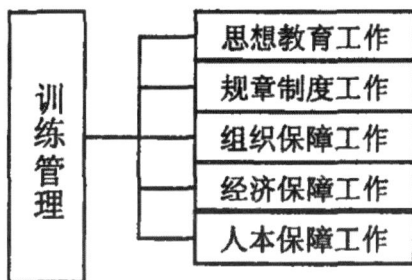

图6-4-3　"训练管理"评价指标体系

"思想教育工作"是训练工作不可或缺的一部分。做好思想教育工作能够推动训练工作取得理想的训练效果。"规章制度工作"是训练工作管理的基础。做好规章制度工作是训练工作顺利开展的基本保证。"组织保障工作"是训练工作很重要的一部分。做好组织保障工作能够促进训练工作更好地开展。"经济保障工作"是训练工作至关重要的一环。做好经济保障工作是训练工作顺利开展的重要保障。"人本保障工作"是训练工作必不可少的一部分。运动队的管理工作必须建立在"以人为本"的信念上，理性地处理影响人的发展的各种因素与关系。

（1）"思想教育工作"

"思想教育工作"是高校乒乓球高水平运动队训练管理工作的思想基础，包括对运动员的世界观、人生观、价值观、爱国主义、集体主义、社会主义、艰苦创业等方面的思想教育工作。

（2）"规章制度工作"

"规章制度工作"是指对高校乒乓球高水平运动队的训练、作息、奖罚、请假审批、行为举止等规章制度所做的建设工作。

（3）"组织保障工作"

"组织保障工作"是指对高校乒乓球高水平运动队的教育管理制度、训练与比赛的积极性、物质文明与精神文明的建设、各级行政机构的关心等方面所做的保障工作。

（4）"经济保障工作"

"经济保障工作"是指对高校乒乓球高水平运动队训练工作所需经费所做的保障工作。

（5）"人本保障工作"

"人本保障工作"主要指的是为正确处理教练员和运动员之间的关系，发展他们适合于创造优异成绩所需要的鲜明个性所做的保障工作。

（二）确定高校乒乓球高水平运动队训练各项评价指标的评分标准

在构建高校乒乓球高水平运动队训练评价指标体系的基础上，研制各项评价指标的评分标准是综合评价的重要环节。目前研制了定性的评分标准，采用 140 分制。定性的评分标准要求：用语言文字的变量分等级表示，各等级之间要差别明显，便于评分时操作；为了做出精确地评分，等级划分需要细一点。按此要求，我们将评分标准划分为优、良、中、差 4 等（表 6-4-1），每等又划分为上、中、下三级（差分上、下两级），总共 11 个档次，各档次分别对应的分值为 140、130、120、110、100、90、80、70、60、50、40 分。各项评价指标的评分标准如下：

表 6-4-1　现实状态诊断的评价

指标等级	优	良	中	差
运动机能诊断	对运动员的运动机能（运动系统、循环系统、呼吸系统和能量代谢以及神经感觉系统）诊断很全面、很准确	对运动员的运动机能诊断全面、准确	对运动员的部分运动机能诊断基本准确	对运动员的运动机能诊断不准确，甚至缺乏
运动素质诊断	对运动员的专项运动素质（速度、力量、耐力等）诊断很全面、很准确	对运动员的专项运动素质诊断全面、准确	对运动员的部分专项运动素质诊断基本准确	对运动员的专项运动素质诊断不准确，甚至缺乏

指标 等级	优	良	中	差
技术能 力诊断	对运动员的技术能力 （单项技术、结合技术） 诊断很全面、很准确	对运动员的技术能力 诊断全面、准确	对运动员的部分技术 能力诊断基本准确	对运动员的技术能力 诊断不准确，甚至缺 乏
战术能 力诊断	对运动员的战术能力 （发球抢攻、接发球等） 诊断很全面、很准确	对运动员的战术能力 诊断全面、准确	对运动员的部分战术 能力诊断基本准确	对运动员的战术能力 诊断不准确，甚至缺 乏
运动心 理诊断	对运动员的运动心理 （长期、赛中、赛前、 赛后心理）诊断很全 面、很准确	对运动员的运动心理 诊断全面、准确	对运动员的部分运动 心理诊断基本准确	对运动员的运动心理 诊断不准确，甚至缺 乏
运动智 力诊断	对运动员的运动乏力 （观察力、记忆力、 注意力等）诊断很全 面、很准确	对运动员的运动智力 诊断全面、准确	对运动员的部分运动 智力诊断基本准确	对运动员的运动智力 诊断不准确，甚至缺 乏
竞技对 手分析	对运动员的竞技对手 分析（运动机能、运 动素质、技战术能力 等）很全面、很准确	对运动员的竞技对手 分析全面、准确	对运动员的竞技对手 分析（竞技能力的部 分构成要素）基本准 确	对运动员的竞技对手 分析不准确，甚至缺 乏

以运动机能诊断为例，其具体的评分标准如图 6-4-4 所示

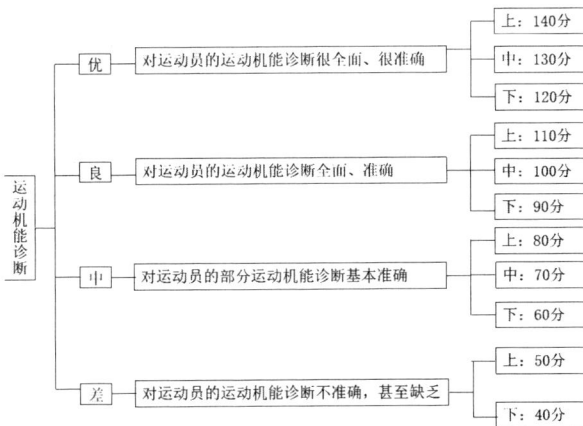

图 6-4-4　运动机能诊断具体评分标准示意图

高校乒乓球高水平运动队的现实状态诊断应该力求全面、准确，以保证现实状态反映当前运动员的现实状况。

表 6-4-2　训练目标确定的评价

指标 等级	优	良	中	差
运动成绩目标	实事求是，确定很合理的运动成绩目标	实事求是，确定合理的运动成绩目标	确定基本合理的运动成绩目标	没有确定运动成绩目标，或所确定的运动成绩目标不合理
成绩相关目标	实事求是，确定很合理的运动成绩目标（运动机能目标、运动素质目标、技术能力目标、战术能力目标、运动心理目标、运动智力目标）	实事求是，确定合理的运动成绩目标（运动机能目标、运动素质目标、技术能力目标、战术能力目标、运动心理目标、运动智力目标）	确定基本合理的运动成绩目标（运动机能目标、运动素质目标、技术能力目标、战术能力目标、运动心理目标、运动智力目标）	没有确定成绩相关目标，或所确定的成绩相关目标不合理
过程检测目标	实事求是，确定很合理的运动成绩目标（全年目标、阶段目标）	实事求是，确定合理的运动成绩目标（全年目标、阶段目标）	确定基本合理的运动成绩目标（全年目标、阶段目标）	没有确定过程检测目标，或所确定的过程检测目标不合理

高校乒乓球高水平运动队的训练目标确定应该实事求是，所确定的训练目标应该力求合理，以保证训练目标反映当前训练的出发点和最终归宿。如表 6-4-2 所示，是训练目标确定的评价指标。

同样，我们在优、良、中、差每等又划分为上、中、下三级（差分上、下两级），总共 11 个档次，各档次分别对应的分值为 140、130、120、110、100、90、80、70、60、50、40 分。

表 6-4-3　训练计划制定的评价

指标 等级	优	良	中	差
训练周期安排	训练周期安排很科学，对提高训练质量，尤其是在赛季形成最佳竞技状态，创造优异运动成绩十分有利	训练周期安排科学，有利于提高训练质量和培养竞技状态	训练周期安排基本合理	没有明确的训练周期安排，或安排不合理
训练任务制定	训练任务制定很科学、很明确，十分有利于提高运动员的竞技能力	训练任务制定科学、明确，有利于提高运动员的竞技能力	训练任务制定基本合理	没有明确的训练任务制定，或安排不合理
训练内容设计	训练内容设计很科学、很明确，十分有利于提高运动员的竞技能力	训练内容设计科学、明确，有利于提高运动员的竞技能力	训练内容设计基本合理	没有训练内容设计，或安排不合理
方法手段选择	训练方法手段的选择有十分明确的目的性和很强的针对性	训练方法手段的选择有明确的目的性和针对性	训练方法手段的选择基本明确	在训练计划制定中对训练方法手段没有做出选择，或做出了不当的选择
训练负荷安排	能根据训练任务、对象水平，很科学地安排训练负荷，并能在运动训练中做到区别对待	能根据训练任务、对象水平，科学地安排训练负荷	训练负荷安排还算合理	在训练计划制定中没有做出训练负荷安排，或做出了不合理的安排

如表 6-4-3 所示，是训练计划制定的评价指标。同样，我们在优、良、中、差每等又划分为上、中、下三级（差分上、下两级），总共 11 个档次，各档次分别对应的分值为 140、130、120、110、100、90、80、70、60、50、40 分。

高校乒乓球高水平运动队的训练计划制定应该力求科学、明确，以保证训练计划最有利于提高运动员的竞技能力。

表 6-4-4 训练条件保障的评价

指标 等级	优	良	中	差
思想条件保障	确立了符合乒乓球项目和乒乓球运动员自身特点的富有创新性和先进性的指导思想	确立了符合乒乓球项目和乒乓球运动员自身特点的科学的指导思想	确立了基本与实际相吻合的指导思想	没有确切的指导思想，或指导思想与实际不吻合
物质条件保障	在训练工作实施过程中，能够提供非常充分和标准的物质条件（财务、场地、器材、生活、服务等）	在训练工作实施过程中，能够提供充分的物质条件（财务、场地、器材、生活、服务等）	在训练工作实施过程中，尚能提供一些基本的物质条件	在训练工作实施过程中，不能提供一些基本的物质条件
医疗条件保障	在训练工作实施过程中，能够提供非常齐全和高水平的医疗条件（医务、营养、恢复等）	在训练工作实施过程中，能够提供齐全和具有一定水平的医疗条件（医务、营养、恢复等）	在训练工作实施过程中，尚能提供一些基本的医疗条件	在训练工作实施过程中，不能提供一些基本的医疗条件

如表 6-4-4 所示，是训练条件保障的评价指标。同样，我们在优、良、中、差每等又划分为上、中、下三级（差分上、下两级），总共 11 个档次，各档次分别对应的分值为 140、130、120、110、100、90、80、70、60、50、40 分。

高校乒乓球高水平运动队的训练条件保障应该力求先进、充分，以保证训练条件最大程度上促进训练工作的顺利开展。

表 6-4-5 训练计划实施的评价

指标 等级	优	良	中	差
训练组织安排	能根据训练计划很严密、很科学地组织安排全队的训练工作	能根据训练计划严密地组织安排全队的训练工作	训练工作的组织安排尚可	训练工作的组织安排松散、不科学
恢复训练安排	按照计划安排恢复训练，并且恢复训练实施得很认真、很全面、很有效	按照计划安排恢复训练，并且恢复训练实施得比较认真、比较全面和有效	尚能安排一些恢复训练	没有安排恢复训练

如表 6-4-5 所示，是训练计划实施的评价指标。同样，我们在优、良、中、差每等又划分为上、中、下三级（差分上、下两级），总共 11 个档次，各档次分别对应的分值为 140、130、120、110、100、90、80、70、60、50、40 分。

高校乒乓球高水平运动队的训练计划实施应该力求科学、严密，以保证训练计划能够真正的落实。

表 6-4-6　训练过程监评的评价

指标 等级	优	良	中	差
训练完成情况	训练内容完成得很出色，达到了训练计划的要求	训练内容完成达到了训练计划的要求	训练内容基本完成	训练内容没有完成
恢复实施记评	对训练工作实施状况的记录详实，评价客观、及时，能为训练计划的调整提供很可靠的依据	对训练工作实施状况的记录比较详实，评价比较客观、及时，能为训练计划的调整提供可靠的依据	对训练工作实施状况能做简单的记录和评价	对训练工作实施状况能不做记录和评价

如表 6-4-6 所示，是训练过程监评的评价指标。同样，我们在优、良、中、差每等又划分为上、中、下三级（差分上、下两级），总共 11 个档次，各档次分别对应的分值为 140、130、120、110、100、90、80、70、60、50、40 分。

高校乒乓球高水平运动队的训练过程监评应该力求到位，以检查训练实施过程的具体情况。

表 6-4-7　训练计划调整的评价

指标 等级	优	良	中	差
训练任务调整	能根据运动员的训练现状和比赛任务，客观、及时、准确地进行训练任务的调整	能根据运动员的训练现状和比赛任务，比较客观、及时、准确地进行训练任务的调整	训练任务调整尚可行	未做训练任务的调整，或调整不合理
训练内容调整	能根据运动员的训练现状和比赛任务，客观、及时、准确地进行训练内容的调整	能根据运动员的训练现状和比赛任务，比较客观、及时、准确地进行训练内容的调整	训练内容调整尚可行	未做训练任务的调整，或调整不合理

指标 等级	优	良	中	差
方法手段调整	能根据运动员的训练现状和比赛任务，客观、及时、准确地进行训练方法手段调整	能根据运动员的训练现状和比赛任务，比较客观、及时、准确地进行训练方法手段调整	训练方法手段调整尚可行	未做训练方法的调整，或调整不合理
负荷安排调整	能根据运动员的训练现状和比赛任务，客观、及时、准确地进行训练负荷安排调整	能根据运动员的训练现状和比赛任务，比较客观、及时、准确地进行训练负荷安排调整	训练负荷安排调整调整尚可行	未做训练负荷安排的调整，或调整不合理

如表 6-4-7 所示，是训练计划调整的评价指标。同样，我们在优、良、中、差每等又划分为上、中、下三级（差分上、下两级），总共 11 个档次，各档次分别对应的分值为 140、130、120、110、100、90、80、70、60、50、40 分。

高校乒乓球高水平运动队的训练计划既要保持相对的稳定性，又要根据运动队整体或个别运动员当前训练的变化情况，做客观、及时、准确的调整，以保证训练计划反映当前训练的变化情况。

表 6-4-8　训练工作管理的评价

指标 等级	优	良	中	差
思想教育工作	对运动员的思想教育工作抓得很紧，且方式很多，效果很好	对运动员的思想教育工作抓得比较紧	尚能对运动员开展思想教育工作	忽略对运动员开展思想教育工作
规章制度工作	对运动员的规章制度工作很重视，保证训练工作顺利开展	对运动员的规章制度工作比较重视	尚能对运动员开展规章制度工作	忽略对运动员的规章制度工作
组织保障工作	对运动队的组织保障工作抓得很紧，且全面，效果很好	对运动队的组织保障工作抓得比较紧	尚能对运动队开展组织保障工作	忽略对运动队的组织保障工作
经济保障工作	运动队的经费很充足，能够保障训练运工作顺利的开展	运动队的经费比较充足	运动队的经费尚可，能维持运动队的训练工作	运动队的经费不足，不能维持运动队的训练工作
人本保障工作	能够很合理、很恰当地处理教练员和运动员之间的关系，充分发挥教练员和运动员的主观能动性	能够合理地处理教练员和运动员之间的关系	尚能处理教练员和运动员之间的关系	不能处理教练员和运动员之间的关系

如表 6-4-8 所示，是训练工作管理的评价指标。同样，我们在优、良、中、差每等又划分为上、中、下三级（差分上、下两级），总共 11 个档次，各档次分别对应的分值为 140、130、120、110、100、90、80、70、60、50、40 分。

高校乒乓球高水平运动队的训练工作管理应该得到足够的重视，以保证训练管理工作最大限度地推动训练工作的开展。

第五节　高校高水平乒乓球运动队发展建设路径

一、强化高水平乒乓球运动队建设初心以及顶层设计

各高校应该结合自身实际情况，短目标与长目标共同筹划。高校体育工作的管理相对复杂，要有明确评估周期，简政放权、放管结合、优化服务、量化评分标准，否则难以形成高校体育开展的长效机制。同时也要明确高水平乒乓球运动队建设定位：一是参与重大赛事，展现精神面貌；二是发挥龙头作用，引领学生体育，将高水平乒乓球运动队建设作为推动学校学生乒乓球普及化的重要途径与有效手段。

由于很多重大赛事都是体育部门主导，导致参赛运动员多来自于体育系统内部，而作为教育系统里的乒乓球运动员处境较为尴尬，出现部分高水平乒乓球运动队无赛事可参加的情况，挫伤了精英运动员的积极性。

体育部门更多的是提供技术支撑和评估配合，为了让更多的高水平乒乓球运动员参与比赛，应出台协会改革配套政策，进一步推动地方体育及乒乓球协会实体化改革，学生体协、单项体协等各部门之间应该明确分工，执行各自权力，共同为高水平乒乓球运动队服务，政府、教育部门可以采取合作方式，资源共享，共同筑建一条可持续发展的参赛模式。

二、促进体教融合并为后备人才储备提供保障

新征程赋予新使命，新时代呼唤新作为。随着新时代的快速发展，在开展良性互动的高水平乒乓球运动队发展机制的同时，要顺应高质量发展需求，注重其效益性发展，推动竞技体育人才由数量规模型向质量效能型转变，实现高校乒乓球人才高标准、内生式发展，这就要求我们从学生内在素质培养、外在竞技体系、教练员队伍管理方面提供相应的保障措施。

在学生运动员素质培养方面，由于日常训练任务较重，大多数乒乓球运动员

对学习文化课放松警惕，导致许多学生乒乓球运动员接受素质教育作用不强，影响综合素质的全面提高。为此，应鼓励高水平乒乓球运动队建设高校根据自身特点，制定适合自己本校人才培养的新模式。在乒乓球运动队日常管理方面，除了加强训练管理还要加强对运动员学习、生活、心理等多方面的干预指导，从而全面提高乒乓球人才质量。同时提供标准化的场馆设施和器材装备，确保充足的训练时长，保证能够在固定时间段进行集中训练，高校要保证场馆设施使用质量与使用时间以及器材装备的充足，同时统筹相关经费，加大高水平乒乓球运动队的投入，从而提高条件保障能力。

在竞技体系方面，大学生处于竞技运动状态最佳年龄段，竞技能力处于较高水平。针对部分高校赛事较少和部分项目无赛事可参加的情况，应对目前的赛事体系进行整改，根据各部门的自身特点，将教育部门的赛事与体育部门的赛事充分融合，为乒乓球运动员提供更多参赛机会及赛事选择。加大对赛事的宣传力度，并提高承办单位的多元化趋势，协调多方位的部门及组织，以便吸引更多观众、球迷，给高校竞技体育的发展带来更多的机遇与动力。同时各建设高校可以利用自身留学项目的优势，与友好高校达成协议，通过学习交流、赛事交流、培养交流等方式，取长补短，从而提高教练员、运动员的各项水平与眼界。

在教练员队伍管理方面，部分高校缺乏高水平的专职教练员，应设置专门的乒乓球教练员岗位，完善考核指标，使得教练员更加专职化，学校编制部门应给予高水平运动队教练专门的编制设置。专职教练员的缺少导致乒乓球运动队教练员水平能力不强，达不到高水平的要求，从而很难带出较高成绩的高水平乒乓球运动队。高校应该对乒乓球师资队伍建设进行改革，为优秀退役运动员进入校园当乒乓球教师、教练打通通道，在大力培养本校优秀的乒乓球教师做运动队教练员的同时还要引进一批有带队经验和专业队训练经历的外聘教练，建立体育、科研、医疗一体的复合型团队。

三、加强学校与社会联动作用并完善梯队建设

由于地域、经济发展等一些客观原因，导致高水平乒乓球运动员流失严重，走出去的学生运动员越来越多，对高校冲击较大。受人才流失的影响，各高校应与省内中小学、体校、职业俱乐部、社会组织加强联动，密切联系，注重协调性发展。在尊重学生科学化成长规律的同时，建立符合本区域发展需要的后备人才养成体系，留住专业人才，为当地竞技体育的可持续发展提供方向。

我国很多项目的后备人才储备并不雄厚，基于此，建有高水平乒乓球运动队的高校应该与省内乒乓球项目传统学校、重点中学、体育运动学校等单位建立长

期友好合作关系，加大中小学体育特长生培养，完善高水平运动队的"一条龙"训练网。再者可以与省运动管理中心共享资源，合力助力后备人才的培养与输送，充分发挥各自特长，达到优势互补，拓宽培养渠道，形成"大学——地方政府——中小学"合作办学模式。要开拓特色人才培养模式，还可以通过国际、国内交流，与其他大学达成合作，双方合力互助联合培养具有较高素质的乒乓球人才。

此外，高水平乒乓球运动队可与地方专业队、职业俱乐部默契合作、联合培养，提高政府、社会、高校等多方力量参与竞技体育的积极性，为高水平乒乓球运动队的建设打开通道。合理科学配置资源，推动各部门优势互补、协调发展，打造优势项目示范学校，完善高水平乒乓球运动队梯队建设，为高水平乒乓球运动队的发展提供高质量体育人才。

四、全面提高教练员综合素质，加强科研合作，实现科学化训练

随着竞技体育的迅猛发展，学科分工越来越精细，许多跨学科的知识被应用到现代竞技体育运动中，为乒乓球运动员成绩的提高起到了巨大的推动作用。乒乓球教练员既是运动训练过程中的监控者，又是比赛过程的指挥者，在现实训练过程中起主导作用。当前，高校中部分项目教练员执教方法、手段过于陈旧，已不适合现代竞技体育训练和竞赛的要求。这一问题如果得不到妥善解决，将有碍于高校高水平乒乓球运动员的可持续发展。为此，高校高水平运动队主管部门应尽快建立并完善高校高水平乒乓球教练员的人才培养制度，根据教练员自身特点和学校比赛成绩及项目发展的需要，努力建设成为具有本校甚至本省特色的教练员培养模式，全面提高高校高水平乒乓球教练员的业务水平。

（1）高校体育主管部门还应该尽可能地为乒乓球教练员提供开阔视野的机会，鼓励教练员进行更高层次的进修和培训，不断接触最新的乒乓球训练方法、训练理念和训练手段并应用到实际的训练竞赛中。

（2）为了调动教练员参加培训的积极性，高校可考虑制定一系列跟随的优惠政策，比如学校对参加培训的教练员采取全程或部分的培训经费资助以及带薪进修、有偿进修等形式。培训归来后安排教练员进行适当的考核或报告讲座，对成绩优异的教练员实行额外奖励。

（3）建立完善的教练员奖惩制度，为教练员创造一个良好的工作环境，充分发挥教练员的主观能动性。高校应充分发挥自身多学科、跨学科研究的综合性优势，各高校高水平乒乓球运动队大可以与其他院系的专家合作，根据各项目特点研发配套的训练器材，提高训练的科技性，研究重点要着眼于如何提高训练质量和水平。

此外各高校还可以聘请运动医学、运动生理、运动生化、营养学等专家协助教练员进行训练工作，这种多方合作的模式既可以帮助教练员随时了解乒乓球运动员身体及心理情况并对训练计划做出针对性地调整，又能使运动员有效地消除疲劳，预防伤病，实现"训科医"一体化，真正达到高校全面提高科学化训练目标。

五、规范乒乓球运动队管理

第一，让乒乓球运动员明确自己的目标，发挥主观能动性，积极学习与训练，提高训练效率。校方支持与奖励表现优秀的运动员，增加乒乓球运动员训练的动力和积极性，使其在思想上正确对待比赛，主动克服训练中的一些困难，创造优异的成绩。

第二，从乒乓球运动员的实际情况出发制订训练目标，提出学业要求；如规定运动员每周训练次数，制订技术测试、体能测试等考核方案；文化课方面明确学习任务，规范课程考核，奖罚分明，让运动员将文化学习直视起来，提升运动员的综合素质和竞争能力，为未来再就业奠定一定的基础。

第三，高校成立专门的部门来管理包括乒乓球队在内的高水平运动队，学校的体育学院和运动系协助专业部门共同进行管理，教务处发挥监督职能。

第四，加强对符合高水平运动队正常训练标准的训练设施的建设，为高水平乒乓球运动员技能水平的平稳发展提供物质保障；为运动员提供与省、市队运动员交流的机会，建立良好的协同训练关系，不断提升校队的水平。

参 考 文 献

[1] 蔡冠蓝. 乒乓球训练中体能训练方法的探讨 [J]. 当代体育科技, 2021, 11（28）: 49-51.

[2] 唐赵平, 杨叶红. 高校校园乒乓球文化的建构和发展 [J]. 文化创新比较研究, 2021, 5（25）: 17-20.

[3] 杨圣涛. 高校乒乓球运动损伤调查研究 [J]. 当代体育科技, 2021, 11（08）: 61-63.

[4] 孙茂奎. 高校乒乓球教学方式多样化改革探究 [J]. 当代体育科技, 2021, 11（05）: 42-43+46.

[5] 康凯. 高校乒乓球训练中的体能训练方法论析 [J]. 产业与科技论坛, 2021, 20（02）: 181-182.

[6] 陈爽. 高校乒乓球教学中的体能训练 [J]. 当代体育科技, 2020, 10（28）: 20-22.

[7] 曾旭升. 高校体育乒乓球教学开展现状与对策研究 [J]. 才智, 2020（20）: 173-174.

[8] 谢锋华. 关于乒乓球训练中体能训练方法探讨 [J]. 科技资讯, 2020, 18（14）: 251+253.

[9] 刘星, 黄国荣. 高等院校乒乓球教学效果研究 [J]. 黑龙江科学, 2020, 11（09）: 102-103.

[10] 徐汇阳. 高校乒乓球基础技法训练策略分析 [J]. 当代体育科技, 2020, 10（12）: 26-27.

[11] 梁超明. 乒乓球发球技术及训练方法研究 [J]. 运动精品, 2020, 39（02）: 73-74.

[12] 梁超明. 心理训练在高校乒乓球训练教学中的运用 [J]. 教育现代化, 2019, 6（88）: 219-220.

[13] 李东哲. 高校乒乓球教学中产生损伤的因素及预防 [J]. 内江科技, 2019, 40（10）: 81-82.

[14] 万帅. 高校乒乓球运动的发展现状与研究 [J]. 田径，2019（07）：44-45.

[15] 聂子琛. 高校乒乓球教学创新发展研究 [J]. 运动，2018（14）：78-79.

[16] 陶渊. 高校乒乓球教学中心理训练的开展实践探索 [J]. 当代体育科技，2018，8（19）：99+101.

[17] 李世军. 高校乒乓球教学中基本技法的训练途径 [J]. 当代体育科技，2018，8（08）：44-45.

[18] 刘迪，张冰雨. 乒乓球训练中常见运动损伤的致因分析与预防策略 [J]. 当代体育科技，2017，7（19）：6+8.

[19] 吴自强. 乒乓球教学与训练现状及发展分析 [J]. 体育世界（学术版），2017（01）：66+69.

[20] 胡琴. 新时期高校乒乓球运动发展问题探讨 [J]. 青少年体育，2016（10）：56-57.

[21] 孙瑞琼，成浩. 乒乓球运动发展的历程 [J]. 运动，2016（17）：30-31+66.

[22] 张蕊. 乒乓球运动功能审视及发展路径探析 [J]. 体育文化导刊，2016（08）：100-104.

[23] 康晨冉. 高校乒乓球运动训练中损伤的规律及预防 [J]. 赤峰学院学报（自然科学版），2015，31（19）：196-199.

[24] 张宇，张玉昌. 高校乒乓球教学中基本技法的训练对策 [J]. 牡丹江医学院学报，2015，36（03）：133-134.

[25] 谢虎. 对乒乓球教学发展的思考 [J]. 体育世界（学术版），2014（04）：77-78.

[26] 袁辉，田颖，仝润平. 乒乓球运动的发展历程 [J]. 山西大同大学学报（自然科学版），2012，28（06）：91-94.

[27] 张瑛秋. 现代乒乓球训练方法 [M]. 北京：北京体育大学出版社，2008.

[28] 吴健. 高水平乒乓球运动队训练的理性思考 [J]. 山西师大体育学院学报，2005（03）：87-89.

[29] 李大志. 我国普通高等院校高水平乒乓球运动队教练员队伍现状的调查研究 [J]. 北京体育大学学报，2005（08）：1131-1133.

[30] 张浩，高兵. 对高校高水平运动队乒乓球训练的若干思考 [J]. 哈尔滨体育学院学报，2005（01）：109-110+113.